CATALOGUE

DES

SUITES DE VIGNETTES

DES PORTRAITS

ET DES LIVRES FRANÇAIS ILLUSTRÉS

COMPOSANT

LA BIBLIOTHÈQUE DE M. C***

La vente aura lieu les Vendredi 17 et Samedi 18 Février 1882, à 2 heures précises

Hôtel des Commissaires-Priseurs, rue Drouot

(Salle n° 4)

Par le ministère de M° MAURICE **DELESTRE**, commissaire-priseur, successeur de M. DELBERGUE-CORMONT, rue Drouot, 27.

PARIS

ADOLPHE LABITTE

LIBRAIRE DE LA BIBLIOTHÈQUE NATIONALE

4, Rue de Lille, 4

1882

PARIS

TYPOGRAPHIE GEORGES CHAMEROT

19, rue des Saints-Pères, 19

CATALOGUE

DES

SUITES DE VIGNETTES

CONDITIONS DE LA VENTE

La vente se fait au comptant.

Les acquéreurs payeront 5 p. 100 en sus des enchères, applicables aux frais.

Il y aura exposition chaque jour de vente, de 1 à 2 heures.

Les ouvrages devront être collationnés sur place et dans les vingt-quatre heures de l'adjudication. Passé ce délai ou une fois sortis de la salle de vente, ils ne seront repris pour aucune cause.

M. Adolphe LABITTE, chargé de la vente, remplira les commissions des personnes qui ne pourraient y assister.

ORDRE DES VACATIONS

CATALOGUE

DES

SUITES DE VIGNETTES

DES PORTRAITS

ET DES LIVRES FRANÇAIS ILLUSTRÉS

COMPOSANT

LA BIBLIOTHÈQUE DE M C***

*La vente aura lieu les Vendredi 17 et Samedi
18 Février 1882, à 2 heures précises*

Hôtel des Commissaires-Priseurs, rue Drouot

(Salle nº 4)

Par le ministère de Mᶜ Maurice **DELESTRE**, commissaire-priseur,
successeur de M. Delbergue-Cormont,
rue Drouot, 27.

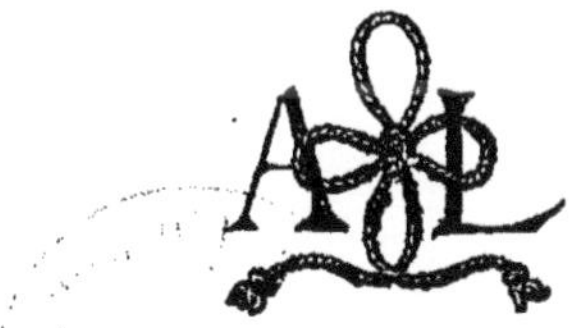

PARIS

ADOLPHE LABITTE

LIBRAIRE DE LA BIBLIOTHÈQUE NATIONALE

4, Rue de Lille, 4

1882

CATALOGUE

DES

SUITES DE VIGNETTES

DES PORTRAITS

ET DES LIVRES FRANÇAIS ILLUSTRÉS

COMPOSANT

LA BIBLIOTHÈQUE DE M. C***

SUITES DE VIGNETTES

1. Beaumarchais. Eugénie. Suite de 5 pièces in-8 d'après Gravelot, gravées par Née, Masquelier, etc.
2. Beaumarchais. La Folle Journée. Suite de 5 pièces d'après Saint-Quentin, gravées par Liénard, Halbou, Lingée.
3. Beaumarchais. La Folle Journée. Suite de 5 pièces in-8 d'après Saint-Quentin, gravées par Malapeau et Roy.
   A toutes marges.
4. BEAUMARCHAIS. Suite de 6 grav. et 1 portrait in-12 d'après Duvivier pour les Œuvres.
   Épreuves avant la lettre.
5. Beaumarchais. Suite de 4 pièces et 1 portrait in-8 d'après T. Johannot pour les Œuvres.
   Superbes épreuves avant la lettre sur chine.
6. Beaumarchais. Suite de 6 grav. et 1 portrait in-8 d'après Staal.
   Épreuves avant la lettre sur chine.
7. Beaumarchais. Suite de 5 pièces et 1 portrait gr. à l'eau-f. par Baugnies pour la Folle Journée.
   Épreuves d'artiste sur japon.

8. Beaumarchais. 3 pièces séparées : 1 gravure par Du-
plessis-Bertaut pour le Barbier de Séville. (Avant la lettre.)
— 1 gravure anglaise pour la Folle Journée par Humphrys, d'après Chalon. (Avant la lettre sur chine.) 1 vignette sur bois par Chepdeville pour la Mère coupable.

> Très rares.

9. BÉRANGER. Suite des 105 grav. à claire-voie publiée par
Perrotin en 1829.

> Épreuves avant la lettre sur chine remontées in-8. — La pièce « Il
> met le nez à la fenêtre » est avec la lettre. — On y a ajouté « le Fils
> du pape », publié en 1834, en épreuve d'artiste.

10. BÉRANGER. Suite complète de 77 grav. d'après Charlet,
Lemud, Johannot, Raffet, etc., publiée par Perrotin en
1847 et 1855.

> Superbes épreuves avant la lettre sur chine. — Les pièces : *Roger
> Bontemps*, *les Vendanges*, *le Cinq Mai*, en double état (épreuve
> d'artiste); *l'Hiver* est en plus non terminé.

11. BÉRANGER. Suite de 40 vignettes par H. Monnier, coloriées, publiées par Baudoin en 1828, avec les 30 publiées
par Fabre en 1873. 70 pièces.

> Exemplaire de premier tirage, remargées.

12. Béranger. Suite de 120 grav. sur bois d'après Grandville
et Raffet publiées par Fournier en 1837.

> Épreuves sur chine volant, encollées.

13. Bernardin de Saint-Pierre. Suite de 15 grav. et 1 portrait in-8 pour l'édit. Méquignon-Marvis (1818), d'après
Lafitte, Moreau, Girodet, Vernet, Prud'hon et Desenne.

> Épreuves avant la lettre.

14. Bernardin de Saint-Pierre. Suite de 4 grav. in-8 d'après
Desenne pour Paul et Virginie (édition Méquignon-Marvis,
1822).

> Épreuves avant la lettre.

15. Bernardin de Saint-Pierre. Suite de 6 grav. in-8 en manière noire d'après Dutailly pour Paul et Virginie.

> Complète et rare.

16. Bernardin de Saint-Pierre. Suite complète de 11 vignettes in-8 d'après Corbould pour les Œuvres.

> Épreuves avant la lettre sur blanc.

17. Bernardin de Saint-Pierre. Suite de 12 vignettes in-8
d'après Corbould pour Paul et Virginie.

> Épreuves avant la lettre sur chine. La pièce très rare du *Paria*, gravée
> par Cook, qui manque toujours, s'y trouve en épreuve d'artiste et à
> l'état d'eau-forte. — On y a joint une pièce séparée gravée par Engel-
> hart d'après Corbould.

18. Bernardin de Saint-Pierre. Suite de 9 vignettes in-18 de Corbould pour Paul et Virginie.
Épreuves avant la lettre sur chine.

19. Bernardin de Saint-Pierre. Même suite.
Même état.

20. Bernardin de Saint-Pierre. Même suite.
Avant la lettre sur blanc.

21. Bernardin de Saint-Pierre. Suite de 5 vignettes d'après Westall gr. par Heath pour Paul et Virginie.
A toutes marges.
On y a joint les 2 vignettes de Desenne pour la *Chaumière indienne* (édition Verdet).

22. Bernardin de Saint-Pierre. Suite de 6 grav. et 1 portrait in-18 d'après Desenne pour Paul et Virginie (éd. L. Janet).
Épreuves avant la lettre sur chine.

23. Bernardin de Saint-Pierre. Même suite.
Même état.

24. Bernardin de Saint-Pierre. Suite de 4 vignettes in-32 d'apr. Desenne pour Paul et Virginie (édit. Verdet et Lequien).
Épreuves sur chine avant la lettre et eaux-fortes.

25. Bernardin de Saint-Pierre. Suite de 6 vignettes in-18 d'après Desenne pour Paul et Virginie et la Chaumière.
Épreuves d'artiste à toutes marges. On y a joint une pièce séparée de Desenne gravée par Rouargue. En tout 7 pièces.

26. Bernardin de Saint-Pierre. Même suite.
Sur blanc, tirage in-12.

27. Bernardin de Saint-Pierre. Portraits de Marguerite, d'après T. Johannot, et du docteur, d'après Meissonier, pour l'éd. Curmer (1838).
Épreuves d'artiste.

— Portrait de l'éditeur Curmer.
Épreuve d'artiste.

28. Bernardin de Saint-Pierre. Suite de 4 eaux-fortes de Foulquier pour Paul et Virginie.
Avant la lettre sur chine.

29. Boccace. Suite complète de 20 vignettes d'après C. Rogier pour les Contes.
Belles épreuves sur chine.

30. BOILEAU. Suite de 6 grav. in-8 publiées par Renouard d'après les dessins de Moreau.
Épreuves avant la lettre.

31. BOILEAU. Suite de 12 grav. d'après H. Vernet, Hersent, Bergeret, etc. pour les Œuvres (éd. Blaise, 1821).

Superbes épreuves à toutes marges avant la lettre. — Manque le portrait de Racine. — Plusieurs sont en double. — Suite très rare en cet état.

32. Boileau. Suite de 6 pièces d'après Desenne et 1 portrait d'après Rigaud gr. par Lignon.

Épreuves avant la lettre sur chine.

33. Boileau. Suite de 7 vign. et 1 portrait in-18 de Choquet.

Épreuves avant la lettre sur chine, très rares.

34. BOILEAU. Suite de 7 pièces gravées à l'eau-forte par Hillemacher pour le Lutrin.

Épreuves d'artiste sur japon.

35. Boileau. Suite de 21 eaux-fortes de Foulquier pour l'édit. Mame.

Épreuves sur chine volant.

36. Boileau. Suite de 6 vign. et 1 portrait gr. à l'eau-forte par Monziès d'après Monsiau, publiée par Lemerre.

Épreuves sur chine avant la lettre.

37. Boileau. 1 pièce pour l'Art poétique «Rien n'est beau que le vrai» d'après Cochin, grav. par Saint-Aubin, in-8.

A toutes marges, très belle.

38. BOSSUET. Suite de 12 grav. in-fol. en double état pour le Discours sur l'histoire universelle (éd. Curmer).

Superbes épreuves tirées sur chine avant et avec les encadrements. — La figure de Jésus-Christ avant l'encadrement manque. — Une planche est en double. — En tout 24 pièces. — Très rare.

39. Cabinet des Fées. Suite complète de 113 vignettes par Marillier, gravées par de Launay, Levillain, Delvaux, de Ghendt, etc.

A toutes marges.

40. Cervantès. Suite de 14 vign. gravées par Coupé pour Don Quichotte.

Avant la lettre, toutes marges.

41. Chateaubriand. Suite de 4 grav. in-8 gr. par Burdet, d'après Alaux, pour les Romans. Exemplaire sur chine avant la lettre.

Portrait de Chateaubriand gr. par Hopwood, avant la lettre.

42. P. Corneille. Suite de 35 gr. in-8, d'après Gravelot pour l'édit. de 1764. 1ᵉʳ tirage.

Il n'y a pas de tirage avant la lettre.

43. Fénelon. Aventures de Télémaque. Suite de 25 gravures
et 1 portrait d'après Moreau, édit. Renouard.
> Épreuves avant la lettre.

44. Aventures de Télémaque. Suite de 24 pièces d'après
Marillier, et 1 portrait gr. par Hubert.
> Épreuves avant la lettre, toutes marges.

45. Flaubert. Mme Bovary. Suite de 8 eaux-fortes de Bolvin.
> Épreuves sur chine avant la lettre.

46. Foé (Daniel de). Robinson Crusoé. Suite de 18 gravures
d'après Stothard et Duvivier avec 1 portrait gr. par Delvaux.
> Épreuves avant la lettre, à toutes marges. — Une seule gravure de
> Duvivier est avec la lettre.

47. Robinson Crusoé. Suite complète de 20 grav. et 2 fleurons de titre de Stothard, gr. par Heath.
> Superbe collection in-fol. avant la lettre sur chine.

48. Robinson Crusoé. Suite de 4 gr. d'après Marillier dans
les Voyages extraordinaires. 3 pièces doubles.

49. Robinson Crusoé. Suite de 6 grav., dont 2 fleurons de
titres, d'après Devéria.
> Épreuves avant la lettre sur chine.

50. Robinson Crusoé. Suite de 7 grav. par Fesquet tirée
sur japon.

51. Genlis. Mademoiselle de Clermont: 1° Suite de 4 vign.
de Desenne et 1 portrait avant la lettre et *eaux-fortes;*
2° 2 vign. in-32 de Desenne (éd. Werdet) *avant la lettre;*
3° 6 vign. sur bois tirées sur chine volant; 4° portrait de
Mme de Genlis d'après Chéradame, gravé par Delvaux.
> Épreuves avant la lettre.

52. Goldsmith. Le Vicaire de Wakefield. Suite des 8 grav.
à angles coupés, d'après Stothard et Burney.
> Épreuves avant la lettre, remargées.

53. Le Vicaire de Wakefield. Suite de 6 grav. de Stothard,
avant la lettre, remargées.
> Très rares.

54. Le Vicaire de Wakefield. Suite de 10 grav. in-8 de T.
Johannot pour l'édit. Bourgueleret, 1838.
> Très rares épreuves avant la lettre sur chine.

55. Le Vicaire de Wakefield. Suite de 10 vignettes de Johannot, gravées à nouveau pour l'édition Hetzel, gr. in-8.
> Tirage in-fol. sur chine.

56. Goldsmith. Portrait de Goldsmith, gravé par Walker,

d'après Reynolds. Manière noire, tr. rare. Autre portrait
gr. par Rouargue, avec 4 sujets en entourage.

57. Göthe. Faust. Deux pièces séparées de Wright, gravées
par Heath et Humphrys sur chine, rares. Une pièce gr. à
l'eau-forte : Marguerite à l'église, d'après Ary Scheffer,
deux portraits de Göthe.

58. GRESSET. Suite complète de 8 gravures in-8, de Moreau
avec 1 portrait gr. par Saint-Aubin, d'après Nattier.
> Épreuves avant la lettre. — On y a joint le portrait gravé par Roger.

59. Gresset. Suite de 6 grav. in-8 de Moreau pour l'éd. Sau-
grain.
> Tirage gr. in-8.

60. Gresset. Suite de 7 vignettes in-8, n. signées, avant la
lettre.

61. Gresset. 1 grav. in-18 de Marillier pour Ver-Vert. —
1 vignette in-8 d'après Desenne gr. par Jouanin.
> Avant la lettre, sur chine.

62. Horace. Son portrait, gr. par Jehotte d'après Devéria.
> Épreuve d'artiste in-fol.

63. V. Hugo. Pièces séparées pour *Notre-Dame de Paris*.
2 vign. d'après T. Johannot, grav. par Porret pour l'édit.
originale : « la Esmeralda et Quasimodo », « la Esmeralda
au pied du gibet » (sur chine monté). — 1 vue de Notre-
Dame, frontisp. de l'édit. Renduel (épreuve d'artiste **sur**
blanc. — 2 grav. de l'édit. Perrotin (1844) en épr. d'artiste : « Paquette la Chantefleurie » d'apr. Lemud et «Chambre de la torture » d'apr. Tony Johannot.
> En tout, 5 pièces in-8, très rares.

64. La Bruyère. Suite des 18 eaux-fortes de Foulquier pour
les Caractères, éd. Mame, 1867.

65. LA FONTAINE. Suite de 25 grav. et 1 portrait in-8 d'après
Moreau pour l'éd. Renouard, 1814.
> Épreuves avant la lettre.

66. LA FONTAINE. Suite complète de 13 grav. d'apr. T. Johannot, dont 1 portr. ornementé.
> Épreuves avant la lettre sur chine.

67. La Fontaine. Suite de 50 eaux-fortes et 1 portrait par
Foulquier sur chine volant.

68. La Fontaine. Suite de 11 eaux-fortes pour les Fables
(éd. des 12 peintres).
> . Épreuves avant la lettre sur chine.

69. La Fontaine. Suite de 14 vignettes et 3 portraits gr. sur acier d'après Staal publiée par Garnier.

> Épreuves avant la lettre sur chine.
> On y a joint la grav. du Fleuve Scamandre par Lefèvre d'après Colin (avant la lettre sur chine) et 2 vignettes de Fesquet sur chine volant.

70. La Fontaine. Suite de 75 grav. pour les Fables d'après Oudry et de 40 vign. pour les Contes d'apr. Fragonard, Lancret, Boucher, Pater, etc., gravées à l'eau-forte par Monziès, Le Rat, Mongin, Courtry, Martinez, etc., publiées par Lemerre.

> Exemplaire sur chine avant la lettre.

71. La Fontaine. Suite de 40 eaux-fortes gravées par Monziès, Martinez, etc., d'après Fragonard, Lancret, etc., pour les Contes, publiée par Lemerre.

> Exemplaire sur chine avant la lettre.

72. LA FONTAINE. Suite de 20 vignettes par Fragonard et Touzé gravées en réduction par T. de Mare, publiée par Conquet en 1880 (portrait de Fragonard).

> Magnifique suite avant la lettre sur japon.

73. La Fontaine. Pièces séparées pour les Fables. — 1 pièce gr. par Corbould in-8 : l'Ane et les Reliques. — 2 pièces gravées par Nargeot : le Cochet, le Chat et le Souriceau ; le Loup, le Renard et le Singe. — 4 pièces de Decamps grav. par L. Marvy : les Voleurs et l'Ane; le Meunier, son Fils et l'Ane ; le Héron ; le Loup et les Bergers.

> 7 pièces.

74. La Fontaine. Madame de la Sablière grav. par T. Johannot d'apr. Colin. — La Fontaine et Mme de la Sablière par Devéria. (Épreuves d'artiste.) — Maison de la Fontaine à Château-Thierry.

> 3 pièces.

75. Lamartine. — Suite de 5 vign. et 1 portrait d'apr. Desenne, gr. par Pye pour les Méditations.

> Exemplaire sur chine avant la lettre. 2 pièces ajoutées.

76. Lamartine. Suite complète de 10 vign. et 10 eaux-fortes avec 1 portrait et 1 fleuron de titre de Desenne pour les Méditations.

> Exemplaire avant la lettre sur chine.

77. LE SAGE. Suite complète de 14 vignettes in-8 d'après Chodowiecki pour Gil Blas.

> Très rare avant la lettre.

78. Le Sage. Suite de 24 vignettes de Smirke pour Gil Blas
publ. en 1809.

Magnifique exemplaire de la grande suite, lettre blanche sur chine
in-fol. — On y a joint 1 titre gravé par Brown et 2 grav. de Rolls.

79. Le Sage. Suite de 9 vignettes in-8 d'apr. Desenne pour
Gil Blas.

Exemplaire avant la lettre sur chine volant.

80. Le Sage. Suite de 12 eaux-fortes de los Rios pour Gil
Blas.

Épreuve d'artiste sur japon.

81. Le Sage. Suite de 16 eaux-fortes gravées par Pille pour
Gil Blas.

Avant la lettre sur chine.

82. Le Sage. Suite de 4 vignettes in-18 de Desenne pour le
Diable boiteux.

Épreuve avant la lettre sur chine.

83. Longus. Daphnis et Chloé. Suite de 7 vign. gravées à
l'eau-forte d'après Prudhon, publiées par Lemerre.

Épreuve avant la lettre sur chine.

84. Longus. Daphnis et Chloé. 2 pièces séparées : 1° la
grav. *Aux petits pieds* de l'édit. Cazin, à toutes marges.—
2° La grav. de Larcher d'apr. Dejuine, publ. dans la Collection des romans grecs (avant la lettre sur chine).

Très rares.

85. Mille et une Nuits. Suite de 24 vign. in-8 de Smirke.
Londres, 1802. (Lettre grise sur chine.)

Magnifique et très rare.

86. Mille et une Nuits. Suite de 6 vignettes in-8 de Smirke.
Londres, 1810.

Très belle suite sur chine, très rare.

87. Mille et une Nuits. Suite de 17 vign. in-4 de Smirke
pour l'Histoire du petit Bossu.

Épreuves sur chine volant.

88. Mille et une Nuits. Suite de 20 grav. d'apr. Chasselat·

Avant la lettre sur chine.

89. Mille et une Nuits. Suite de 6 grav. d'apr. Westall.

Sur chine avant la lettre.

90. Mille et une Nuits. Suite de 18 vign. de Corbould, remargées in-8.

91. Mille et une Nuits. Suite de 17 vign. de Courtin avant
la lettre.

92. Mille et une Nuits. Suite complète de 50 grav. in-8 sur acier et sur bois, édit. Pourrat, d'apr. Raffet, Jules David, Marckl.

93. MOLIÈRE. Suite de 30 vignettes et 1 portrait de Moreau publ. par Renouard.

Magnifique suite avant la lettre sur chine volant, de toute rareté.

94. MOLIÈRE. Suite de 19 vign. in-8 d'après Desenne, avant la lettre sur chine (1 pièce en double regr. par Nargeot).

Très rare.

95. MOLIÈRE. Suite de 20 vignettes et 1 portrait in-18 de Desenne.

Épreuves avant la lettre sur chine, tirées in-8. Le portrait est sur blanc, toutes marges; très rare.

96. MOLIÈRE. Suite complète de 18 vignettes in-8 d'après H. Vernet, Hersent, etc., et 1 portrait de Fragonard.

Superbe exemplaire; épreuves avant la lettre sur chine. 3 pièces, gravées deux fois, sont en double; en tout 22 pièces. Très rare.

97. Molière. Suite complète de 34 vignettes in-18 d'après Boucher, réduction gravée par Punt. 1745.

Très bel état, remmargées in-8.

98. Molière. Suite des 34 grav. d'après Boucher, réduction à l'eau-forte publiée par Lemerre.

Tirage sur chine avant la lettre.

99. Molière. Suite de 34 eaux-fortes de Lalauze.

Épreuve d'artiste sur japon n° 27, 2 eaux-fortes ajoutées; en tout, 36 pièces.

100. Molière. 3 vign. gravées par Duplessis-Bertaux pour le Tartufe, l'Avare et le Médecin malgré lui.

Épreuves avant la lettre.

101. A. de Musset. Suite complète de 43 eaux-fortes de Pille pour les Œuvres.

Épreuves avant la lettre sur chine. — On y a joint un frontispice à l'eau-forte de F. Rops.

102. A. de Musset. Suite de 7 portraits et 9 vignettes d'après Bida, gravés à l'eau-forte par Lalauze.

Épreuves avant la lettre sur chine.

103. ORATEURS SACRÉS. Suite complète de 25 portraits et 12 vign., in-8, pour les Oraisons funèbres de Bossuet, Fléchier, Massillon, etc., publ. par Janet (1820).

Épreuves avant la lettre sur chine (les portraits à la lettre blanche).— Ajouté le *Passage du Rhin* d'après H. Vernet pour l'Oraison funèbre de Condé.

104. Perrault. Suite de 4 vignettes in-8 de Marillier pour les Contes (comprenant la pièce refusée pour la Barbe bleue).

Très rare.

1 pièce pour Grisélidis d'apr. Moreau.

Sur chine avant la lettre. — 5 pièces.

105. Perrault. Suite de 12 eaux-fortes et 1 portrait de Lalauze pour l'édit. de Jouaust.

Épreuves avant la lettre sur chine.
On y a joint 2 vignettes publiées par Leclère pour la réimpression de Perrin et 1 vignette (le petit Chaperon rouge), publié dans l'*Artiste*.

106. Prévost. Suite de 8 vign. in-18 de Lefèvre, gr. par Coiny pour Manon Lescaut.

Épreuves à toutes marges.

107. Prévost. Première suite de Desenne pour Manon Lescaut (1 gr. in-8 et 2 fleurons). — Deuxième suite (2 vign. in-32 et 2 fleurons), en tout 7 pièces.

Épreuves avant la lettre sur chine.

108. Rabelais. Suite de 12 grav. in-8 de Devéria et 1 carte publ. par Dalibon.

Épreuves avant la lettre sur chine.

109. Rabelais. Suite complète de 14 vign. sur bois, d'après Desenne, publ. par Desoer.

Épreuves sur chine, toutes marges.

110. Suite de 16 eaux-fortes de Bracquemond, publ. par Lemerre.

Très belles épreuves sur chine. — On y a joint une eau-forte de Boilvien (la harangue de Maître Janotus de Bragmardo), très rare.

111. Rabelais. Suite de 17 grav. sur acier, réduction de Bernard Picard, publiées par Willem.

Épreuves sur chine dans un carton.

112. Racine. Suite de 12 grav. in-8 de Gravelot et 1 portrait de Gaucher.

Épreuves avant la lettre.

113. Racine. Suite de 15 grav. de Lebarbier, dont 1 portrait.

Épreuves avant la lettre.

114. Racine. Suite de 12 vign. et 1 portrait d'après Desenne, grav. par Girardet.

Très rare exemplaire avant la lettre et eaux-fortes, tirés sur chine, in-4, épreuves d'artiste, réunies en album avec le portrait de Desenne et diverses autres pièces.

115. Racine. Suite de 60 eaux-fortes de Hillemacher.

Épreuves avant le nom des artistes.

116. Suite de 50 vign. de Barrias et Foulquier, publ. par Mame.

Épreuves sur chine volant.

117. Rousseau. Suite de 6 grav. in-8 dont 1 portrait d'après
Prud'hon par Copia pour la Nouvelle Héloïse.

> Très belles épreuves.

118. Rousseau. Suite de 11 vign. d'apr. Moreau, gravées
par Delvaux pour la Nouvelle Héloïse. — Réduction des
grandes.

119. SÉVIGNÉ (Mme de). Suite complète de 13 portraits de
Masquelier et Dien, 14 vues et 1 tableau généalogique,
1 planche d'armes pour les Œuvres, édit. Blaise.

> Tous les portraits avant la lettre (épreuves d'artiste) ou à lettre grise
> (2e état). En voici la liste :
> Mme de Sévigné, Mme de Grignan, Mme de Simiane, Bussy-Rabutin,
> le coadjuteur de Grignan. Par Masquelier, épreuves d'artiste.
> Charles de Sévigné, Henri de Sévigné, Emmanuel de Coulanges,
> Mme de Louvois, comte de Guitaud, marquis d'Héricourt. Par Dien, let-
> tre à un seul trait.
> Mme de Coulanges (avant la lettre). Le Bien bon avant la lettre.
> Ces deux derniers sont en double épreuve. Le portrait du coadjuteur
> est plus court. Tous les autres sont grand in-8. — On a ajouté les por-
> traits de Louis XIV et de Mlle de Montpensier, gravés par Saint-Aubin.
> En tout 33 pièces. Très rare.

120. Sévigné (Mme de). Grav. de Bertonnier d'apr. Nanteuil.

> Épreuve d'artiste.

121. Shakespeare. Œuvres. Suite complète de 166 vignettes
grav. au trait par Starlitg d'apr. Smirke, Westall, Fu-
seli, etc., et les principaux artistes de l'Angleterre.

122. STERNE. Voyage sentimental. Suite complète de 6 grav.
in-8 de Stothard.

> A toutes marges avant la lettre.

123. Sterne. Voyage sentimental. Suite de 12 vignettes
in-18 de Chodowiecki.

124. Sterne. Voyage sentimental. Suite gravée par Levillain
d'après Monsiau.

> 5 pièces. — 1 pièce manque. — 2 sont avec la lettre à toutes marges.

125. Sterne. Voyage sentimental. — 1 vignette in-8 de Marillier.—2 vignettes in-32 de Desenne.

> Avant la lettre sur chine.

1 portrait de Sterne en pied, in-18, de Devéria, grav. par
Larcher.

> Avant la lettre sur chine.

126. SWIFT. Voyages de Gulliver. Suite de 10 vign. de Lefèvre, grav. par Masquelier.

> Épreuve à toutes marges, in-8, avant la lettre:

127. Swift. Voyages de Gulliver. Suite de 2 vign. in-8, de

Marillier, dans les Voyages imaginaires. Suite de 2 vign.
de Uwoins, gravées par Waren.

128. Tressan. Suite de 12 grav. et 1 portrait de Colin pour
les Œuvres.

> Épreuve avant la lettre. — Les fig. de Joconde et du « Petit Chien »
> sont sur chine.

129. Voltaire. Suite de Duplessis-Bertaux pour la Pucelle
(édit. Cazin).

> Épreuve du 1ᵉʳ tirage à part du texte, la plupart remargées, in-8. —
> Plusieurs avant les numéros. — Manquent le frontisp., le Chant II et
> le Chant VI. — 19 pièces.

130. Voltaire. Suite de **22** pièces de Duplessis-Bertaux pour
la Pucelle. — Tirage de Leclère en sanguine.

ŒUVRE LITHOGRAPHIÉ DE GRANDVILLE

131. *La Sibylle des salons.* Jeu de 52 cartes présentant cha-
cune un sujet différent, publié sous le nom de Mansion,
sous la direction duquel débuta l'artiste et qui ne se gêna
pas pour s'approprier sa première œuvre. (V. la notice
sur Grandville, par Charles Blanc, dans la Gazette des
Beaux-Arts.) — Collection complète et en parfait état de
fraîcheur, dans un étui. De toute rareté.

132. *Les Tribulations de la petite propriété, ou le Dimanche
d'un bon bourgeois.* Paris, Langlumé, 1828, 12 pièces coloriées, moins une, avec couverture, complet.

133. *Chaque âge a ses plaisirs.* Paris, Gihaut, 1833, 10 pièces coloriées, avec couverture, complet.

134. *Les Breuvages de l'Homme.* 4 pièces : le Lait, la Bière,
l'Eau, le Punch.

135. *Principes de grammaire.* 4 sujets coloriés sur 2 feuilles,
complet.

136. *Voyage pour l'Éternité.* 7 pièces coloriées, la 9ᵉ est en
noir, en tout 8 pièces (manque une pièce, la 7ᵉ, pour être
complète).

137. *Galerie mythologique.* 6 pièces coloriées, une déchirure
à la dernière, complet.

138. *Restaurateur.* (Carte vivante.) Deux Homards. Trois
Croûtons. Porc frais. Une Oie et un Lapin. — Une Mau-
viette. Cornichon pour deux. Bœuf à la mode. Une Bécasse.
Mendiants.

> 9 pièces coloriées.

139. *Types modernes.* Le Dedans de l'Homme expliqué par le Dehors. Paris, 1835. 6 planches avec frontispice sur chine, couverture conservée.

140. Diverses. 5 pièces du Parisien pittoresque (coloriés). — La Chasse et la Pêche. — 7 pièces publiées dans la *Silhouette.* — Fac-similé d'un croquis de Grandville enfant. 2 pièces. — Ah! il pleut. — Vous ne le croiriez pas, ma chère. — 14 lithogr. de Levilly pour les Fables de la Fontaine, imitation de Grandville, 7 autres pièces.

37 pièces.

PORTRAITS

141. Balzac, d'apr. Bertall, grav. par Lemoine.
Épreuve d'artiste sur blanc.

142. Balzac, gravé par P. Chesnay, d'après Louis Boulanger.
Épreuve d'artiste.

143. Th. de Banville. 2 portraits à l'eau-forte et 2 frontispices pour les œuvres.

144. Baudelaire. 5 portraits à l'eau-forte par Manet, Courbet, Bracquemond, etc., et 1 pointe sèche de Desboutins.

145. Beaumarchais. Portrait de Beaumarchais, d'après Cochin, gravé par Leroy (1802).

146. Béranger. Portr. grav. par Pannier, d'apr. Sandoz, pour l'édit. Perrotin, 1847.
Superbe épreuve dans un ovale tracé à la pointe.

147. Béranger. Portr. d'après Charlet, grav. par Vallot, pour ma Biographie.
Épreuve d'artiste.

148. Béranger. Portrait grav. par Massard, d'apr. Sandoz pour la Correspondance.
Épreuve d'artiste.

149. Béranger (Portraits), gravé par François pour l'édit. de 1843. — Épr. avant la lettre sur chine volant, gravé par

Colin, d'après Lemud, superbe épr. sur chine avec lettre gravée par Audibrand, d'apr. Marckl (Béranger à la Force), avant la lettre sur chine, — eau-forte, frontispice de F. Rops.
　　4 pièces.

150. Béranger. Portrait gravé par Staal, épr. d'artiste. — Portrait de Mme Judith par Staal, av. la lettre sur chine.

151. Béranger. Suite de portraits pour illustrer les Œuvres et les Procès : Wilhem (épreuve d'artiste), Parny, Dupin, Laffitte, Manuel (avant la lettre). — Lucien Bonaparte (manière de crayon), la Fayette, Marchangy, Barthe, Dupont de l'Eure, Chateaubriand, Panard.
　　12 portraits.

152. Cent Nouvelles nouvelles. Suite de 12 eaux-fortes inédites de H. de Montaut.

153. Chevigné, gravé par Buland d'après Debay.
　　Épreuve d'artiste.

154. Collé. Portrait gravé par Nargeot.
　　Belle épreuve sur chine.

155. Pierre Corneille. Gravure de Ficquet d'après Lebrun.
　　Belle épreuve.

156. Fénelon. Gravé par Dequevauviller, avec bas-relief.
　　Épreuve avant la lettre sur chine.

157. Th. Gautier. 5 portraits : 1° eau-forte de Braquemond, 2° sa charge, 3° eau-forte de Rajon (avant la lettre sur chine), 4° eau-forte en couleur de Valentin, 5° frontispice des émaux et camées par Thérond.

158. Gavarni, lithographié par lui-même en 1842. Superbe épreuve sur chine.

159. GRESSET, gravure de Saint-Aubin d'après Nattier.
　　Très rare épreuve à la lettre blanche, (état d'avant lettre).

160. Horace. 2 portraits : Gravés par Saint-Aubin (lettre blanche, épreuve sur chine). — Gravé par Jehotte d'après Devéria (épreuve d'artiste).

161. V. Hugo. Eau-forte de P. Chesnay (Hauteville house, 1860).
　　Très rare.

162. V. Hugo. 2 portraits : Eau-forte de Abot (épreuve d'artiste, tiré à 54 exempl. sur japon). Gravure de Legénisel (épreuve d'artiste).

163. Victor Hugo. 5 portraits gravés à l'eau-forte par Monziès, Boilvin, Courtry, Buhot, publiés par Lemerre.
　　Épreuves d'artiste sur chine.

164. La Bruyère. Gravé par Saint-Aubin (lettre blanche). Gravé par Delvaux.

> 2 pièces à toutes marges.

165. LA FONTAINE. Gravure de Ficquet. *Au Ruisseau blanc,* d'après Rigault.

> Magnifique épreuve. — Marge.

166. LA FONTAINE. Gravé par Ficquet. Belle épreuve au Ruisseau blanc, remargée.

167. LA FONTAINE. Gravure de Le Mire d'après Moreau, pour les Fables causides. Remargé.

168. LA FONTAINE. Gravure de Ribault d'après Rigault. Épreuve avant la lettre, tablette blanche.

169. LA FONTAINE. Gravure de Dupréel d'après Rigaud, petit portrait ovale. Épreuve d'artiste sur chine.

170. LA FONTAINE. Gravure de Bertault. Épreuve d'artiste, magnifique.

171. Lamartine. Portrait médaillon par L. Flameng, eau-forte. Epreuve d'artiste sur chine.

172. Xavier de Maistre. Gravure de Cyprien Jacquemin. Très belle épreuve (il n'y a pas eu d'avant la lettre).

173. MARGUERITE DE NAVARRE. Gravure et dessin de T. de Mare.

> Épreuve d'artiste sur peau de vélin.

174. Clément Marot. Épreuve d'artiste.

175. Meissonier, d'après lui-même gravé par Regnault. Epreuve d'artiste, et avec la lettre.

176. Mérimée. 2 portraits : 1° gravé par Nargeot; 2° pointe sèche de Desboutins.

> Belles épreuves avant la lettre.

177. MOLIÈRE, gravure de Ficquet d'apr. Coypel.

> Magnifique épreuve à la grande lettre. — Grande marge.

178. Molière, gravé par Pollet, 1834.

> Avant la lettre sur chine.

179. Molière, eau-forte de Lalauze.

> Epreuve d'artiste sur japon.

180. Molière. 3 portraits gravés à l'eau-forte par Hillemacher : 1° d'après le portrait appartenant à M. Camille Marcille; 2° d'apr. celui de M. Audenet; 3° en Sganarelle, d'apr. Simonin, 1er tirage (1860), non mis dans le commerce. — Le Fauteuil de Molière, conservé à Pézenas, lithogr. de Nap. Thomas.

> Épreuves sur chine. Très rares. 4 pièces.

181. Montaigne, gravé par Ficquet (1772) d'après Dumons-
tier.
Épreuve brillante.

182. Montaigne, gravure d'Henriquel-Dupont, ovale.
Épreuve d'artiste sur chine.

183. ALFRED ET PAUL DE MUSSET. Alfred de Musset, gr. par
Goutière d'apr. Landelle, dans un encadrement.
Magnifique épreuve d'artiste.

Le même, gr. par Pollet, publié dans l'Artiste.
Sur chine.

Paul de Musset (sans nom de graveur).
Magnifique épreuve d'artiste. 3 pièces.

184. Napoléon Ier, grav. par Goutière d'apr. Sandoz, ovale.
Épreuve d'artiste.

185. Ch. Perrault, gr. par Ingouf d'apr. Torlebat, 1er tirage.

186. RABELAIS, gravure de Savart d'après Sarrabat.
Belle épreuve à grandes marges.

187. Racine, gravure de Savart d'apr. Santerre, 1er tirage
(barrière de Fontarabie).
Sans marge.

188. Racine, le même (rue Percée).

LIVRES FRANÇAIS

LA PLUPART ILLUSTRÉS

---

189. E. About. Le Roi des montagnes, 5° édition, illustr.
de G. Doré. *Paris, Hachette*, 1861, in-8, br.

190. Albanès. Les Mystères du collège, illustrat. d'E. Lor-
say. *Paris, Havard*, 1845, in-8 anglais, demi-rel. mar.
rouge, n. rog.

191. Albanès. Les Nains célèbres, ill. d'E. de Beaumont.
Paris, Havard, s. d., in-8 anglais, cart. n. rog.

192. Alfabeto della Morte di Hans Holbein, con sentenze
latine e di quartine del XVI° secolo, scelte da A. de Mon-

taiglon. *Parigi, Tross*, 1856, plaquette in-8, fig. sur bois. broch.

Exemplaire sur chine.

193. Les Anglais peints par eux-mêmes, dessins de Kenny Meadows. *Paris, Curmer*, 1841, 2 vol. gr. in-8 cart. n. rog.

194. Apulée. L'Ane d'or, trad. de Savalète, nombr. grav. d'apr. l'antique par Racinet et Bénard. *Paris, Didot*, 1869, in-8, br.

Exemplaire *sur papier de Chine*, dont il n'y a eu que quelques exemplaires. — Parfaite condition.

195. Aventures du Gourou Paramarta, conte drolatique indien, nombr. eaux-fortes de Bernay et Cattelain. *Paris, Barraud*, 1877, in-8, br.

Exemplaire sur chine.

196. Aventures de Til Ulenspiegel, illustrées par Lauters. *Bruxelles, Société des Beaux-Arts*, 1840, in-12 carré, nombr. vign. sur bois, br. Très rare.

197. Balzac. La Peau de chagrin. *Paris, Delloye*, 1838, nombr. vign. sur acier, avec les 2 portraits à part sur chine, gr. in-8, demi-mar. vert, n. rog.

Superbe exemplaire.

198. Balzac. Petites Misères de la vie conjugale, illustr. de Bertall. *Paris, Chlendowski, s. d.*, in-8, br.

199. Balzac. Histoire de l'Empereur, racontée dans une grange par un vieux soldat, vign. de Lorentz. *Paris, Dubochet*, 1842, in-32, br.

Première édition.

200. Balzac. Les Contes drolatiques, illustr. de Gustave Doré. *Paris, ès bureaux de la Société*, 1855, in-8, mar. vert, fil. à la Duseuil et milieu sur les plats, n. rog. (*Reymann.*)

Très rare exemplaire *sur papier de Chine*.

201. Théodore de Banville. Odes funambulesques, édition définitive. *Paris, Charpentier*, 1878, in-18, br.

Papier de Hollande, tiré à 50 ex.

202. Théodore de Banville. Les Exilés, odelettes, trente-six ballades joyeuses, édition définitive. *Paris, Charpentier*, 1878, 1 vol. in-18, br.

Papier de Hollande, tiré à 50 ex.

203. Th. de Banville. Comédies. *Paris, Charpentier*, 1879, 1 vol. in-18, br.

Papier de Hollande, tiré à 50 ex.

204. Ch. Baudelaire. Les Fleurs du mal, 2e édition. *Paris, Poulet-Malassis*, 1861, in-12, demi-rel. mar. rouge, n. rog. (*Lortic.*)

 Exemplaire sur chine, avec un autographe de Baudelaire ajouté.

205. Les Épaves, frontispice de F. Rops. *Amsterdam*, 1866, in-12, rel. mar. vert, n. rog.

206. Beaumarchais. Théâtre complet, édit. d'Heylli et Marescot. *Paris, Académie des Bibliophiles*, 1869, 4 vol. in-8 avec portrait, br.

 L'un des 15 exemplaires sur chine.

207. Ém. de la Bédollière. Les Industriels, cent dessins de H. Monnier. *Paris, Vᶜ L. Janet*, 1842, in-8, demi-rel. mar. rouge, fil. au dos, n. rog. et couverture. (*Reymann.*)

208. Béranger. Œuvres complètes, 104 vign. en taille-douce. *Paris, Perrotin*, 1834, 4 vol. et 1 supplément in-8, demi-rel. ancienne, n. rog. Le supplément (Chansons érotiques), broché.

 Exemplaire en grand papier, fig. sur chine, parfaite conservation.

209. Bernardin de Saint-Pierre. Paul et Virginie. *Paris, Curmer, rue Sainte-Anne*, 1838, gr. in-8, cart. n. rog.

 Très bel exemplaire en parfait état.

210. Bernardin de Saint-Pierre. Paul et Virginie, suivi de la Chaumière indienne. *Paris, Masson*, 1839, in-18, texte encadré de vignettes et nombreuses vignettes dans le texte, 12 bois hors texte, demi-rel. mar. rouge, n. rog.

211. Bernardin de Saint-Pierre. Paul et Virginie. *Paris, Jouaust*, 1878, in-8, 6 eaux-fortes de Laguillermie, br.

 Exemplaire grand papier de Chine.

212. Bertall. Cahier des charges des chemins de fer. 1ʳᵉ édition. *Paris, Hetzel*, 1847, in-8 anglais, br.

 Très rare.

213. Biarnez. Les Grands Vins de Bordeaux, poème ill. de 32 vues et sujets hors texte d'après Daubigny et Pauquet. *Paris, Plon*, 1849, in-8, br.

214. Boccace. Le Décaméron, trad. Le Maçon. *Paris, Jouaust*, 1873, 10 fascicules in-8, portrait et 11 eaux-fortes de Flameng, br.

 Exemplaire grand papier de Chine.

215. Boileau. Œuvres. *Paris, Lemerre*, 1875, 2 vol. pet. in-12, br.

 Exemplaire sur chine.

216. P. Borel. Champavert. Contes immoraux. Eaux-fortes

d'A. Aubry. *Bruxelles, Blanche,* 1772. Gr. in-12 rel. dem.-mar. orange, n. rogné.

217. Bossuet. Discours sur l'Histoire universelle. *Tours Mame,* 1870, in-4, eaux-fortes, gr. frontisp. de Foulquier, broché.

> Exemplaire sur Hollande, tiré à 250.

218. Bossuet. Oraisons funèbres. *Tours, Mame,* 1869, in-4 avec 7 eaux-fortes de Foulquier, broché.

> Exemplaire sur Hollande, tiré à 250.

219. Le Carnaval et Marche du Bœuf gras, 24 dessins gr. sur bois, par Porret. *Paris, Warée,* album oblong avec texte, broché.

> Curieux et rare.

220. Cazotte. Le Diable amoureux. Notice, par Gérard de Nerval. 200 dessins de Ed. de Beaumont. *Paris, Ganivet,* 1845, in-8, dem.-mar. noir, dos orné, n. rogné.

> Le portrait de Cazotte est sur chine; on a joint à l'exemplaire les gravures de l'édition originale et 1 figure de Marillier. Superbe exemplaire.

221. Cent Nouvelles nouvelles. *Paris, Jouaust,* 1878. 10 fascicules in-8, 10 dessins de J. Garnier. reproduits par l'héliogravure. Les mêmes gr. à l'eau-forte, par Lalauze, br.

> Exemplaire sur papier de Chine.

222. CERVANTES. Don Quichotte, trad. de L. Viardot, illustrations de Johannot. *Paris, Dubochet,* 1836. 2 vol. gr. in-8 dans une belle reliure en dem.-mar. vert, dos orné (Cuzin), n. rog.

> Très bel exemplaire auquel on a ajouté environ 200 pièces dont suit la nomenclature :
>
> 1o Suite de 30 grav. et 1 portrait de Coypel, gravées par Folkema (remargées);
>
> 2o Suite de 16 grav., trad. de Florian publiée par Renouard, gravées par Coupé, avant la lettre sur chine ;
>
> 3o Suite de 17 grav. à claire-voie, d'après Courtin, avant la lettre sur chine ;
>
> 4o Suite de 11 grav. d'après Charlet, avant la lettre sur chine ;
>
> 5o Suite de 12 grav. dont 4 titres gravés et 8 eaux-fortes, d'après Devéria pour l'édit. Desoer, avant la lettre sur chine ;
>
> 6o Suite de 6 grav. in-8 de Devéria, avant la lettre ;
>
> 7o Suite de 12 grav. d'H. Vernet et E. Lami en épr. d'artiste ;
>
> 8o Suite de 24 grav. de Westall, sur chine;
>
> 9o Suite de 15 eaux-fortes de Cruïkshank ;
>
> 10o Suite de 8 eaux-fortes de Denon ; anciennes épr.
>
> 11o Suite de 20 pièces sur acier et sur bois, d'après Grandville et K. Girardet pour l'édit. Mame. 1er tirage (remargées) ;
>
> 12o Petite suite espagnole, gr. par Stalker sur chine ;
>
> 13o 6 pièces séparées très rares et enfin 2 magnifiques portraits de

Cervantès, gravés, l'un par Gaucher d'après Queverdo et l'autre par Desnoyers d'après Velasquez, avant la lettre.
En tout 200 pièces ajoutées.

223. Cham. Punch à Paris, revue drolatique du mois. *Paris, rue du Croissant*, 16 pet. in-4, avec couverture dem.-mar. orange, n. rog.
Bien complet.

224. Philarète Chasles. Charles Ier. Nombreuses gravures sur acier et sur bois. *Paris, Ve Janet, s. d.* gr. in-8, br.

225. CHAMPFLEURY. Les Chats, avec nombr. illustr. dans le texte et hors texte, 4e édition. *Paris, Rothschild*, 1870, pet. in-4, cart. avec couv.
Très rare exemplaire sur chine auquel on a joint un grand nombre de pièces : grav. de Mind, dessins japonais, grav. et lithogr. anglaises originales, formant un complément très curieux.

226. Champfleury. Les Souffrances du professeur Delteil, dessins de Crafty. *Paris, Rothschild*, 1870. 1 vol. pet. in-4, eaux-fortes de Cham ajoutées, br.
Exemplaire sur chine.

227. Champfleury. Les Enfants, édition de luxe, avec 90 grav. *Paris, Rothschild*, 1873, pet. in-4, br.
Exemplaire sur chine.

228. Champfleury. Le Violon de faïence, dessins en couleur d'E. Renard, eaux-fortes d'Adeline. *Paris, Dentu*, 1877, in-8, dem.-rel. mar. maïs, n. rog.

229. Champfleury. Les Oiseaux chanteurs, imité de l'allemand. *Paris, Rothschild*, 1870, pet. in-4, avec vig. br.
Exemplaire sur chine.

230. Champfleury. Histoire de la caricature antique. *Paris, Dentu*, 2e édit. augmentée, in-12, nombr. illustrations, relié dem.-mar. vert, n. rog.
Exemplaire papier de Hollande rare.

231. Champfleury. Histoire de la Caricature au Moyen Age. *Paris, Dentu, s. d.* in-12, nombr. illustrations, relié demi-mar. vert, n. rog.
Exemplaire papier de Hollande. Rare.

232. Champfleury. Histoire de la Caricature moderne : 1° depuis la Réforme jusqu'à Louis XVI ; 2° sur la Révolution, l'Empire et la Restauration ; 3° sur le régime de Juillet. *Paris, Dentu, s. d.* 3 vol. in-12, reliés nombr. ill. demi-mar. vert, n. rog.
Exemplaire papier de Hollande. Très rare.

233. CHANTS ET CHANSONS POPULAIRES DE LA FRANCE. *Paris, Delloye*, 1843, 3 vol. gr. in-8, texte gravé et encadré de

nombr. illustrations sur acier, reliés sur brochure, demi-mar. rouge, couvertures très fraîches, très rare en cet état, n. rognés.

L'exemplaire comprend la Marseillaise, qui n'a paru qu'avec la seconde édition. Les Chants et chansons des provinces de France forment un quatrième volume. En tout quatre volumes dem.-mar. rouge. (*Brany*.)

234. Chateaubriand. Atala, dessins d'Em. Lévy et de Giacomelli. *Paris, Jouaust*, 1877, pet. in-8, br. texte encadré.

Exemplaire sur chine.

235. André Chénier. Œuvres poétiques, publiées par G. de Chénier. *Paris, Lemerre*, 1874, 2 vol. pet in-12, br.

1e édit. Très rare exemplaire sur chine, n° 27 sur 36 exemplaires.

236. Chevigné. Les Contes Rémois. *Paris, M. Lévy*, 1858, ill. de Meissonier, in-8 br. couv. lilas glacé.

Exemplaire grand papier. 1er tirage des fig. Très rare.

237. Chevigné. Contes Rémois, édition complète avec les contes réservés. *Paris, Jouaust*, 1869, pet. in-12, br.

Exemplaire sur chine très rare.

238. Classiques de la Table, 3me édit. *Paris, au dépôt de la librairie*, 1845, 2 parties en 1 vol. in-8, avec nombr. portraits, eaux-fortes et vign. sur bois, relié sur brochure en dem.-mar. cit. dos orné. (*Reymann*).

Exemplaire comprenant les 8 fig. de Bertall pour la Physiologie du Goût (1e tirage) et les 4 fig. de Mousian pour la Gastronomie (épr. avant la lettre remargées). Bien complet, très rare.

239. Code du commis voyageur. *Paris*, 1830, in-24 avec 2 pl. coloriées, br.

240. COLLECTION DES PHYSIOLOGIES, publiées de 1840 à 1843, par Aubert, Laisné. Raymond-Bocquet, Desloges, Lachapelle, etc. Nombr. illustrations, 96 vol. in-4 brochés.

D'Aubert, 1840 :

Lorette, par M. Alhoy, dess. de Gavarni ; Garde national, par L. Huart, dess. de Trimolet ; Médecin, par L. Huart, dess. de Trimolet ; Homme de loi, par L. Huart, dess. de Trimolet ; Homme à bonnes fortunes, par E. Lemoine, dess. d'Alophe ; Étudiant, par L. Huart, dess. de Trimolet ; Employé, par Balzac, dess. de Trimolet ; Floueur, par Philipon, dess. de Daumier ; Écolier, par Ourliac, dess. de Gavarni ; Débardeur, par M. Alhoy, dess. de Gavarni ; Grisette, par L. Huart, dess. de Gavarni ; Chasseur, par Deyeux, dess. de Forest ; Bourgeois, par H. Monnier ; Voyageur, par M. Alhoy, dess. de Daumier ; Parisienne, par T. Delord, dess. d'Alophe ; Musicien, par Cler, dess. de Daumier ; Femme la plus malheureuse du monde, par Lemoine, dess. de Valentin ; Bas-bleu, par Fr. Soulié, dess. de Vernier ; Provincial à Paris, par P. Durand, dess. de Gavarni ; Tailleur, par L. Huart, dess. de Gavarni ; Créancier et Débiteur, par M. Alhoy, dess. de Janet-Lange ; Flâneur, par L. Huart, dess. d'Alophe.

1841 :

Portière, par J. Rousseau, dess. de Daumier; Troupier, par Marco Saint-Hilaire, dess. de Vernier.

De LAISNÉ, 1841 :

Homme marié, par P. de Kock, dess. de Marckl; Poète, par E.Texier, dess. de Daumier; Journaliste, par E. Texier, dess. de Daumier; Amoureux, par E. de Neufville, dess. de Gavarni; Célibataire, par Couailhac, dess. de H. Monnier.

1842 :

Robert-Macaire, par J. Rousseau, dess. de Daumier; Viveur, par J. Rousseau, dess. de H. Em¨; Gamin de Paris, par Bourget, dess. de Marckl; Femme, par E. de Neufville, dess. de Gavarni; Théâtre, par Couailhac, dess. de H. Emy.

De BRETEAU, 1840 :

Femme entretenue, dess. de Lorentz.

De RAYMOND-BOCQUET, 1840 :

Jour de l'an, par Couailhac, dess. de H. Emy.

1841 :

Prédestiné, dess. de Gagniet; Calembour, dess. de H. Emy; Député, par P. Bernard, dess. de H. Emy.

1842 :

Carnaval, par P. Bernard, dess. de H. Emy.

De DESLOGES, 1841 :

Quartiers de Paris, dess. de H. Emy; Vin de Champagne, dess. de H. Emy; Parterre, par Léon, dess. de H. Emy; Cafés de Paris, par Léon, dess. de Porret; Argent, par Léon, dess. de Lacoste; Curé de campagne, par Lacoste, dess. de Lacoste; Bals de Paris, par Léon, dess. de Lacoste; Parapluie, par Léon, dess. de Lacoste; Physiologies, par Léon, dess. de Lacoste.

1842 :

Amant de cœur, par Constantin, dess. de Lacoste; Toilette, par Debelle, dess. de Lacoste; Chanson, par Debelle, dess. de Lacoste; Imprimeur, par Moisand, dess. de Lacoste; Gant, par Guénot-Lecointe, dess. de Lepaulle.

De LACHAPELLE :

Anglais à Paris, 1840; — Usurier, 1841; Parisien en province, 1841; Fille sans nom, 1841; Demoiselles de magasin, 1841; — Chicard, 1842.

DE FIQUET :

Cocu, 1841; Vieux Garçon, 1841; — Pathologie de l'Épicier, 1842.

De WARÉE :

Franc-Maçon; Pochard; Rats d'Église.

DIVERSES :

1840. Fumeur, par Burette (Bourdin); Hygiène du Fumeur (Desloges); — 1841. Rentier, par Balzac (Martinon); Prêtre (Martinon); Palais-Royal (Lesage); Jardin des Plantes (Curmer); Protecteur (Charpentier); Chaumière (Bohaire); — 1842. Diable, Maître de pension (Sergot); Lion (Delahaye); Tabac (Maison); MACAIRE DES MACAIRES, (Dupin); Buveur, par Savène; Nègres, par Pluchonneau; Électeur

(France) ; Jeux floraux (Dupin, à Toulouse) ; — 1843. Matelot (Roux,
à Brest) ; Marin (Pilout) ; — 1844. Jésuite (Martinon) ; — 1845. Sal-
timbanques.

SANS DATES :

Employé d'enregistrement, par Bonnefont ; Foyers et Coulisses, par
Jacques Arago (Charpentier) ; Diligence, Omnibus, par E. Gourdon
(Terry) ; Séducteur, par Doinet (Rozier) ; Boudoir, par L. de Chau-
mont) ; Barbier, par Bataille (d'Olincourt, à Bar-le-Duc) ; Rapin, album
lithographié.

On a joint à la collection les OPUSCULES suivants, de même format,
pouvant y rentrer :

Les Prodiges de l'Industrie, par L. Huart, illustr. de Cham, Daumier, etc. ; les Mystères de la Chemise, vign. d'Éd. de Beaumont, se
joignant à la Physiologie du Tailleur (Aubert, 1844) ; les Mystères de
Mabille ; la Vie de Chodruc-Duclos, vign. de H. Monnier, se joignant à
la Physiologie du Palais-Royal ; Paris dansant et les Oiseaux de nuit
(Bréauté, 1845) ; Histoire du royaume des Lanternes, mis en lumière
par un bec de gaz.

En tout, 103 volumes.

241. Comic-Almanack, années 1842 et 1843, les seules pa-
rues. *Paris, Aubert.* 2 vol. in-18, ornés chacun de 12
eaux-fortes de Trimolet. Nombr. illustr. sur bois, cartonnage de l'édition.

242. F. Coppée. Poésies (1864-1869). *Paris, Lemerre,* 1870,
pet. in-12 broché, portrait.

Papier Whatman, tiré à 50 exemplaires.

243. F. Coppée. Théâtre (1869-1872). *Paris, Lemerre,* 1872,
pet. in-12 broché.

Papier Whatman, tiré à 50 exemplaires.

244. Daumier. Les Cent-un Robert-Macaire, texte de M. Alhoy
et L. Huart. *Paris, Aubert,* 1840, 2 part. en 1 vol in-4,
demi-rel. mar. vert avec couverture, n. rog.

Très rare. Exemplaire lavé et encollé.

245. A. Delvau. Histoire des cafés et cabarets de Paris,
eaux-fortes de Courbet, Flameng et Rops. *Paris, Dentu,*
1862, in-12 broché.

246. A. Delvau. Les Cythères parisiennes, 24 eaux-fortes et
1 frontispice de Rops et Em. Thérond, *Paris, Dentu,* 1864.
in-12-broché.

247. A. Delvau. Les Barrières de Paris, eaux-fortes de
Thérond. *Paris, Dentu,* 1865, in-12, demi-rel, n. rog.

Avec 6 eaux-fortes de Trimolet ajoutées.

248. A. Delvau. Les Heures parisiennes, 25 eaux-fortes de
E. Benassit. *Paris, Librairie centrale,* 1866, in-12, avec
1 supplément pour l'histoire du livre, portrait, broché.

Exemplaire en papier de Hollande, fig. de Minuit en premier état.

249. V. Denon. Point de lendemain, conte. *Paris, Leclère,*

1866, plaquette in-8 avec frontisp. de Rops et une eau-forte, en feuilles.

Exemplaire sur chine.

250. Le Diable à Paris. *Paris, Hetzel,* 1845, nombr. illustr. 2 vol. gr. in-8, avec un grand nombre de vues ajoutées, plan de Paris, armoiries, etc. demi-mar. grenat, non rogné.

251. Diderot. Le Neveu de Rameau, publié par Moteau. *Paris, Jouaust,* 1877, in-16 broché.

Exemplaire sur chine.

252. G. Doré. Histoire de la sainte Russie. 500 dessins. *Paris, Bry,* 1854, gr. in-8, couverture illustrée, broché.

Exemplaire aux taches de sang. Envoi coupé au faux-titre.

253. G. Droz. Monsieur, Madame et Bébé, illustrations d'Ed. Morin. *Paris, Havard,* 1878, gr. in-8, demi-rel. mar. bleu clair.

Exemplaire sur chine, nº 8 sur 50.

254. A. Dumas. Louis XIV et son siècle. *Paris, Fellens et Dufour,* 1844, 2 vol. gr. in-8, nombr. vign. broché.

255. A. Dumas fils. La Dame aux camélias, préface de J. Janin. *Bruxelles,* 1854, 2 vol. in-32 brochés.

256. A. Dumas fils. La Dame aux camélias, illustr. de Gavarni. *Paris, Librairie moderne,* 1858, gr. in-8 broché.

257. Duranty. Théâtre des Marionnettes du Jardin des Tuileries. *Paris, Dubuisson,* gr. in-8, nombr. dessins en couleur, broché.

Premier tirage.

258. Encyclopédie du calembour, recueillie par Joseph Prudhomme, illustrations de Lorentz gr. par Porret. *Paris, Levavasseur et Aubert, s. d.* in-32 broché.

259. L. Enault. Dans les Bois, dessins de Weber. *Paris, Rothschild,* 1870, pet. in-4 broché.

Exemplaire sur chine.

260. Fénelon. Télémaque, eaux-fortes de Foulquier. *Tours, Mame,* 1873, in-4 broché.

Nº 64 sur 300 exemplaires papier Hollande.

261. Flaubert. Madame Bovary. *Paris, Lemerre,* 1874, 2 vol. pet. in-12 brochés.

Exemplaire sur chine.

262. Florian. Fables illustrées par V. Adam. *Paris, Delloye et Desmé,* 1838, in-8, demi-relié mar. vert, dos orné, n. rogné.

Magnifique exemplaire, auquel on a joint les 80 compositions de

Grandville pour l'édition Hetzel, *tirées sur chine*, collection extrêmement rare en cet état. — Il contient aussi les titres des livres et les culs-de-lampe de l'édition Hetzel, avec un très beau portrait de Florian.

263. De Foé. Robinson Crusoé. *Paris, Jouaust,* 1878, 4 vol. in-8, 9 eaux-fortes de Mouilleron, brochés.

Exemplaire grand papier de Chine.

264. LES FRANÇAIS PEINTS PAR EUX-MÊMES, encyclopédie morale du XIXᵉ siècle. *Paris, Curmer,* 1840, 9 vol. avec le Prisme, premier coloris des planches, couvertures or et couleurs, brochés.

Magnifique exemplaire de souscription complet, très rare en cette condition. Les deux feuilles de correspondance se trouvent dans le Prisme. — Fig. ajoutées.

265. A. Frédol. Le Monde de la mer, illustré de 21 magnifiques chromolithograph. nombr. vign. dans le texte. *Paris, Hachette,* 1865, in-8, broché.

Premier tirage.

266. Gautier. Poésies complètes. *Paris, Charpentier,* 1875, 2 vol. in-18 brochés.

Papier de Hollande, tiré à 100 exemplaires.

267. ÉMAUX ET CAMÉES, édition définitive. *Paris, Charpentier,* 1872, in-12, avec une eau-forte de Jacquemart, broché.

Exemplaire papier de Hollande. Très rare.

268. Les Jeune-France, romans goguenards, frontisp. de F. Rops. *Amsterdam,* 1866, in-12 broché.

Papier de Hollande.

269. Histoire du romantisme. *Paris, Charpentier,* 1874, in-18 broché.

Papier de Hollande.

270. Portraits contemporains, avec portr. de l'auteur par lui-même. *Paris, Charpentier,* in-18 broché.

Papier de Hollande.

271. Avatar. *Paris, M. Lévy,* 1857, in-32, br.

272. Jettatura. *Paris, M. Lévy,* 1857, in-32, br.

273. Les Roués innocents. *Paris, Librairie nouvelle,* 1853, in-18, br.

274. L'ELDORADO OU FORTUNIO, eaux-fortes de Milius, dessins d'Avril. *Paris, imprimé pour les amis des livres,* 1880, gr. in-8, br.

275. Gavarni. La Correctionnelle, petites causes célèbres, 100 lithographies. *Paris, Martinon,* 1840, in-4, relié s. brochure demi-mar. rouge, front. colorié ajouté, n. rogné.

276. Gavarni. Œuvres choisies. Les Fourberies des femmes.

— Les Enfants terribles.— Le Carnaval.— La Vie de jeune homme. *Paris, Hetzel*, 1846-1848. 4 albums en 1 vol. gr. in-8, demi-rel. mar. bleu, n. rog.

> Rare.

277. Gavarni et Méry. Perles et Parures. *Paris, de Gonet, s. d.*, 2 parties en 1 vol. gr. in-8, frontispice et 30 gravures coloriées *à encadrement de dentelle*, magnifique reliure en demi-mar. bouton d'or, dos mosaïque à entrelacs verts et oranges, n. rog.

278. Gavarni. Masques et Visages. *Paris, Paulin*, 1857, in-8 anglais, nombr. vignettes, encollé en feuilles.

279. Mme DE GENLIS. Mlle DE CLERMONT, édit. miniature. *Paris, Tardieu*, 1861, pet. in-18, br.

> Exemplaire sur chine, très rare.

280. F. Girault. Les Abus de Paris, nombr. illustr. dans le texte et hors texte. *Paris, Breteau*, 1844, gr. in-8, cartonnage de l'édition, n. rog.

> Rare, complet.

281. Goldsmith. Le Vicaire de Wakefield, traduct. Ch. Nodier, texte anglais en regard. *Paris, Bourgueleret*, 1838, in-8, texte encadré, nombr. vignettes sur bois et 10 grav. sur acier d'après T. Johannot, br.

282. E. et J. de Goncourt. L'Amour au XVIIIe siècle, eaux-fortes de Boilvin, texte encadré de vignettes. *Paris, Dentu*, 1875, in-18, br.

> Exemplaire sur chine, tiré à quelques exemplaires.

283. E. Gonzalès. Les Caravanes de Scaramouche, Giangurgolo et Maître Ragueneau, eaux-fortes et vignettes par Henri Guérard. *Paris, Dentu*, 1881, gr. in-12, br.

> Exemplaire grand papier.

284. Göthe. Faust, trad. de Gérard de Nerval, 2e édit. *Paris, Ve Dondey-Dupré*, 1835, in-18, demi-rel. mar. vert, n. rog. frontisp. à l'eau-forte.

> Exemplaire sur papier vélin, rare.

285. Göthe. Faust, collection de 26 grav. d'apr. les dessins de Retsch, avec notice. *Paris, Audot*, 1828, oblong, broché.

286. GÖTHE. WERTHER. *Paris, Crapelet*, 1845, in-8, avec 30 portr. et gravures ajoutés, demi-rel. olive, dos orné, n. rog. (*Reymann.*)

> Cet exemplaire comprend :
> 1° 3 portraits de Göthe gravés, le premier, par E. Verhelst, le deuxième par Blanchard, le troisième par Goutière ;

2° Les portraits de Werther et de Lotte gravés par Berger d'après Chodowiecki, superbes à toutes marges;

3° La suite des 4 vignettes gravées par Duplessis-Bertaux d'après Berthon en premier tirage (remargées), épreuves avant la lettre;

4° Les deux compositions de Chodowiecki (Charlotte et les enfants, la Chambre de Werther) pour les titres de l'édition allemande, en deux états de gravure, 4 pièces (remargées):

5° Les 3 gravures de Moreau pour l'édition de 1809, épreuves avant la lettre;

6° Première suite de T. Johannot, gravée par Burdet, épreuves sur chine avant la lettre, 4 pièces;

7° Deuxième suite de Johannot, gravée à l'eau-forte, épreuves sur chine de 1er tirage, 10 pièces.

287. Göthe. Le Renard, trad. E. Grenier. *Paris, M. Lévy,* 1858, in-32, br.

288. La Grande Ville, texte de P. de Kock, A. Dumas et Balzac, illustr. de Gavarni, Daumier, V. Adam, Daubigny, H. Emy. *Paris, au bureau central,* 1842, 2 vol. gr. in-8, brochés.

289. J.-J. GRANDVILLE. LES MÉTAMORPHOSES DU JOUR. *Paris, Bulla,* 1829, in-8 oblong, comprenant 73 lithogr. coloriées, avec préface d'A. Comte et couverture servant de titre, demi-rel. de l'époque, n. rog.

　　Très rare.

290. J.-J. GRANDVILLE. SCÈNES DE LA VIE PUBLIQUE ET PRIVÉE DES ANIMAUX, études de mœurs contemporaines, publiées sous la direction de P.-J. Stahl. *Paris, Hetzel,* 1842, 2 vol. gr. in-8, nombreuses illustrations hors texte et dans le texte de Grandville, reliés en demi-mar. citron, dos mosaïque avec un fer spécialement gravé pour l'exemplaire, n. rog. avec couvertures de publication.

　　Magnifique exemplaire de premier tirage, figures sur chine, extrêmement rare en cette condition. — On y a joint le prospectus très curieux et très rare de la publication et la notice sur Grandville par Charles Blanc, ainsi que le portrait de Grandville dessiné par G. Staal en épreuve d'artiste.

291. Old Nick et Grandville. Petites Misères de la vie humaine. *Paris, Fournier,* 1843, in-8, nombr. vignettes, relié s. brochure en demi-mar. bouton d'or, dos orné, n. rog. (*Reymann.*)

　　Très rare.

292. *J.-J. Grandville.* Un Autre Monde. *Paris, Fournier,* 1844, gr. in-8, nombreuses illustr. sur bois dans le texte et hors texte, la plupart coloriées, dans une magnifique reliure en demi-mar. orange, dos mosaïque, entrelacs verts et rouges, petits fers, n. rog. avec les couvertures de publication en vol. et en livraisons. (*Cuzin.*)

　　Superbe exemplaire, très rare en cette condition.

293. Grandville. Cent Proverbes. *Paris, Fournier,* 1845, in-8, nombr. illustrations, relié sur brochure en demi-mar. bleu clair, dos orné, n. rog. (*Cuzin.*)

294. Grandville. Les Fleurs animées, introduction par Alph. Karr, texte par T. Delord. *Paris, G. de Gonet,* 1847, 2 parties en 1 vol. gr. in-8, 2 titres coloriés et 48 pl. hors texte gr. sur acier par Geoffroy d'apr. les dessins de Grandville et coloriées, plus 2 pl. de botanique, demi-mar. vert, dos mos. rouge et orange, dorure à petits fers, n. rog. (*Cuzin.*)

> Avec la table des planches donnée séparément et le portrait de Grandville avec encadrement composé et gravé par Geoffroy et colorié.
> Magnifique exemplaire, coloris soigneusement retouché.

295. Grandville. Les Métamorphoses du jour. — Les Étoiles. *Paris, Aubert, s. d.,* in-4 comprenant les 71 pl. de l'édition d'Aubert avec les 4 publiées dans la Silhouette, dont 2 ont été reproduites dans l'édition de Havard (1855), plus les 12 planches des *Étoiles,* coloriées, et celles de l'*Empire des Légumes* de A. Varin, demi-rel. mar. bleu ciel, dos orné, n. rog.

> Curieuse et rare collection.

296. Kate Grenaway. La Lanterne magique, texte de J. Levoisin. *Paris, Hachette, s. d.,* album colorié pet. in-4, cart.

297. Gresset. Ver-Vert, le Lutrin vivant et le Carême impromptu. *Paris, chez les marchands de nouveautés,* 1832, in-8, avec 5 fig. d'apr. Monnet, gr. par Delaunay avant la lettre, br.

298. GRESSET. POÈMES. *Paris, Jouaust,* 1867. — Éloge de Gresset par Robespierre. *Paris, Académie des Bibliophiles,* 1868. — Le Méchant, comédie. *Paris, Jouaust,* 1874. — 3 vol. in-8, br.

> Exemplaire sur chine, tiré à 5 ex. Très rare.

299. L. Halévy. Madame et Monsieur Cardinal, 12 vignettes d'Ed. Morin. *Paris, C.-Lévy, s. d.,* in-18, br.

> Exemplaire papier de Hollande avec les vignettes de Morin en premier tirage sur chine volant.

300. L. Halévy. Les Petites Cardinal, vign. de Henri Maigrot. *Paris, C.-Lévy,* 1880, in-18, 1er tir. br.

301. Hamilton. Mémoires de Grammont, avec 64 portraits gravés par Scriven. *Londres, Carpenter,* 1811, 2 vol. in-8, reliés basane.

> Belle collection de portraits.

302. Hamilton. Mémoires de Grammont, eaux-fortes de
Chauvet. *Paris, Bonnassies*, 1876, in-8, broché.

Exemplaire sur chine, tiré à 10.

303. Hamilton. Contes, publiés par M. de Lescure. *Paris,
Jouaust*, 1876, 4 vol. in-16, brochés.

Exemplaire sur chine.

304. Hoffmann. Contes fantastiques, illustrés par Gavarni.
Paris, Lavigne, 1843, in-8, demi-rel. mar. grenat dos
orné, n. rogné.

Portrait de Hoffmann, gravé par Pelée d'après Henriquel Dupont, en
épreuve d'artiste, ajouté. Très rare.

305. Horace. Œuvres, trad. J. Janin, 1re édition. *Paris,
Hachette*, 1860, pet. in-12, broché.

Très rare, exemplaire sur papier de Hollande.

306. Horace. Œuvres, trad. Leconte de Lisle. *Paris,
Lemerre*, 1873, 2 vol. pet. in-12, brochés.

Très rare. Exemplaire sur chine.

307. A. Houssaye. Voyage à ma fenêtre. *Paris, Lecou, s. d.*
Gr. in-8, gravures sur acier, demi-rel. mar. bleu ciel, dos
orné, n. rogné. (*Reymann.*)

308. L. Huart. Muséum Parisien, 350 vignettes de Grandville. Gavarni, Daumier, etc. *Paris, Beauger*, 1841, in-8,
broché.

Bel exemplaire.

309. L. Huart. Ulysse, ou les Porcs vengés, vignettes de
Cham, Daumier, E. de Beaumont. *Paris, Garnier*, 1852,
in-18, broché.

310. Charles Hugo. Le Cochon de saint Antoine. *Leipzig,
A. Dürr*, 1857, 3 vol. in-32, brochés.

311. Victor Hugo. Notre-Dame de Paris. *Paris, Perrotin*, 1844, gr. in-8, relié sur brochure, nombreuses illustrations, demi-mar. violet, dos mos. rouge. (*Cuzin.*)

Magnifique exemplaire comprenant la plupart des bois de l'édition sur
chine (25 sur 32), ainsi que le frontispice et la vue de Paris (épreuve
d'artiste). On y a ajouté la suite de 12 gravures de l'édition Renduel, 1836, sur chine; — 1 eau-forte de T. Johannot; 1 frontispice gravé
par Cél. Nanteuil; 1 belle composition sur bois, de E. Bayard; 2 portraits de l'auteur et 1 *plan manuscrit de Paris* au XVe siècle, dressé
spécialement pour l'ouvrage.

312. V. Hugo. Œuvres poétiques. *Paris, Hetzel*, 1869, 9 vol.
pet. in-18, avec ornements de texte de E. Froment, brochés.

Exemplaire sur chine, très rare.

313. Victor Hugo. Les Travailleurs de la mer, illustration

de Vierge. *Paris, librairie illustrée*, 1876, gr. in-8, broché.
Exemplaire sur papier teinté.

314. V. Hugo. L'Homme qui rit, illustration de Vierge. *Paris, Polo, s. d.* Gr. in-8, broché.

315. J. Janin. Deburau. Histoire du Théâtre à quatre sous, 3e édition. *Paris, Gosselin*, 1833. 2 vol. in-12, vignettes sur bois, brochés.

316. J. Janin. L'Amour des livres. *Paris, Miard*, 1866, in-18, broché.
Tiré à 204 exemplaires.

317. J. Janin. L'Ane mort et la Femme guillotinée. *Paris, Bourdin*, 1842, gr. in-8, port. frontisp. nombr. illustr. dont 11 hors texte, par T. Johannot, broché.
Déchirure au portrait.

318. Le Jardin des Plantes. *Paris, Curmer*, 1843. 2 vol. gr. in-8, l'un de texte et l'autre de planches, avec 14 portraits et vues sur acier, 12 planches coloriées, 1 plan et 1 panorama.
Premier volume, auquel devait se borner la publication. On y a joint toutes les planches du second volume, publié plus tard, et les 50 bois de l'édition Dubochet, 13 planches coloriées de botanique et 16 de minéralogie, en tout 130 planches ajoutées.

319. Le Jardin des Plantes, par Boitard, introd. de J. Janin, illustr. de 220 vign. dans le texte et 50 hors texte, avec planches coloriées, portraits, plan. *Paris, Dubochet*, 1842, gr. in-8, broché.

320. A. Karr. Histoire d'un Pion, vign. de G. Séguin. *Paris, Blanchard*, 1854, in-8, anglais, rel. demi-mar. rouge, n. rogné.
Première édition.

321. A. Karr. Les Guêpes, collection complète, novembre 1839 à mai 1847, avec la biographie de l'auteur par E. de Mirecourt. 80 fascicules in-32 avec couvertures (les 5 derniers illustrés), brochés.

322. La Boétie. La Servitude volontaire. *Paris, Jouaust*, 1872, in-16, broché.
Exemplaire sur whatman.

323. LA BRUYÈRE. LES CARACTÈRES. 18 eaux-fortes de Foulquier. *Tours, Mame*, 1867, in-4, broché.
Exemplaire sur hollande, nº 59 sur 200 exemplaires.
Très rare.

324. P. Lacroix. Le XVIIIe siècle. 1re partie : institutions, usages, costumes ; 2e partie : sciences, lettres et arts.

Paris, Didot, 1875-1878, 2 vol. in-4 avec 36 chromolithographies et nombreuses vignettes sur bois, belle demi-reliure mar. bleu, n. rognés. (*Allô.*)
Exemplaire sur chine.

325. Mary Lafon. La Dame de Bourbon, vign. d'E. Morin. *Paris, Librairie nouvelle*, 1860, in-12, broché.
Exemplaire sur chine, n° 17 sur 20.

326. LA FONTAINE. FABLES ET CONTES, publiés par A. Pauly. *Paris, Lemerre*, 1868, 4 vol. pet. in-12, rel. mar. bleu jansén. n. rognés.
Exemplaire sur chine, n° 15 sur 20. Très rare.

327. LA FONTAINE. FABLES, illustrations de J. David. *Paris, Armand Aubrée, s. d.*, 3 vol. gr. in-8, nombr. pièces ajoutées, demi-rel. maroq. bleu clair, dos orné, non rogné.
.L'exemplaire a été divisé en 3 volumes pour permettre l'adjonction des principales suites modernes d'illustrations des fables. Les trois titres sont différents. Il comprend, outre les figures et les titres de l'édition : 1° la suite de Bergeret (12 p.) avant la lettre ; 2° la suite de Percier, édition Didot (12 p.), avant la lettre; 3° les 75 bois de Godart sur 24 feuilles (édit. Crapelet); 4° la suite de Grandville (240 p.) sur chine, 1er tirage ; 5° la suite de T. Johannot sur chine avec lettre (8 p.) ; 6° la suite de Devéria (5 p.) avant la lettre ; 7° les 2 suites de H. Monnier, l'une lithogr. et coloriée (20 p.), l'autre gravée sur bois (16 p.) ; 8° la suite de 12 eaux-fortes publiées par Jouaust avant la lettre.
Enfin, de nombreuses pièces séparées, la plupart très rares : les 2 planches de Girardet en épreuve d'artiste (la Besace, l'Ours), différentes eaux-fortes de Decamps, Millet, Chauvel, etc., les 10 pièces publiées par Allès, Nargeot, Corot, etc., dans l'*Artiste* ; 5 portraits de la Fontaine et plusieurs autres. En tout, près de 400 pièces présentant l'ensemble de l'illustration du XIXᵉ siècle pour les Fables.

328. La Fontaine. Contes. *Londres*, 1778, 2 vol. in-32, de la collection des Petits Conteurs, portr. et vign. de Duplessis-Bertaux, belles épr. rel. mar. rouge.

329. Lamartine. Œuvres poétiques. *Paris, Hachette*, 1876, 6 vol. in-18, avec ornements de texte et encadrements rouges, brochés.
Exemplaire sur chine.

330. LA ROCHEFOUCAULD. RÉFLEXIONS OU SENTENCES, édit. L. Lacour. *Paris, Académie des Bibliophiles*, 1868, in-8, relié, mar. la Vallière, filets sur les plats. (*Cuzin.*)
Exemplaire whatman, tiré à 15 ex.
Magnifique portrait gravé par Choffard d'après Petitot, ajouté.

331. La Rochefoucauld. Œuvres. *Paris, Lemerre*, 1870, pet. in-12, br.
Exemplaire sur chine.

332. Lasalle. L'Hôtel des haricots, 70 dessins d'E. Morin.

Paris, Dentu, s. d., pet. in-8 carré, demi-rel. non rogné.
Exemplaire sur chine, imprimé d'un seul côté.

333. S. Lavalette. Fables illustrées par Grandville et G. Séguin. *Paris, Hetzel et Paulin,* 1841, in-8, avec 25 eaux-fortes, dont 21 de Grandville, demi-rel. maroq. orange, dos orné, n. rogné.
Portrait de Lavalette ajouté.

334. E. Lecocq. Quintessence de l'économie politique, dessins de H. Monnier. *Paris, Dutertre,* 1842, 2 vol. in-32, brochés.

335. La Légende de Saint Antoine, imitée de l'allemand. *Se vend dans les quatre parties du monde,* in-18, nombr. grav. comiques sur bois, broché.

336. LE SAGE. GIL BLAS, illustr. de Gigoux. *Paris, Paulin,* 1835, un gros vol. in-8 dans une solide reliure en demi-maroquin rouge antique, dos orné, n. rogné. (*Cuzin.*)
Superbe exemplaire en *papier vélin fort,* auquel on a ajouté de nombreuses illustrations :
1º Suite avant la lettre de Desenne (9 pièces); 2º suite de Desenne pour l'édit. Verdet (8 pièces avant la lettre); 3º suite de Devéria (24 pièces sur chine avant la lettre); 4º suite de Smirke (24 pièces, réduction des grandes); 5º suite de Choquet (12 pièces remmargées); 6º suite de Gavarni (20 pièces sur chine); 7º suite de Staal (6 p. avant la lettre sur chine); 8º suite de Marillier (4 pièces remmargées); 9º suite de N. Thomas (6 pièces).
En outre, plusieurs portraits et pièces séparées, dont « Gil Blas dans la caverne », de Devéria, « l'Aventure de la bague », toutes deux très rares, et une *très belle carte manuscrite* dressée pour les voyages de Gil Blas.

337. Le Sage. Gil Blas. *Paris, Jouaust,* 1879, 4 vol. in-8, 13 eaux-fortes de Los Rios, brochés.
Exemplaire grand papier de Chine.

338. Le Sage. Le Diable boiteux, illustr. de Johannot. *Paris, Bourdin,* 1842, in-8 en feuilles.
Exemplaire sur chine.

339. Le Sage. Le Diable boiteux. *Paris, Jouaust,* 1880, 2 vol. in-8, avec 9 eaux-fortes de Lalauze, brochés.
Exemplaire grand papier de Chine.

340. Longus. Daphnis et Chloé. *Paris, chez Maradan et Desenne, an VI,* in-18, front. et 4 figures de Monsiau avant la lettre, vign. de Prudhon (le Bain) gr. par Roger ajouté, demi-rel. mar. rouge, dos orné. (*Niedrée.*)

341. Longus. Daphnis et Chloé, dessins de Em. Lévy, gr. à l'eau-forte par Flameng, vign. de Giacomelli. *Paris, Jouaust,* 1872, pet. in-18, texte encadré, broché.
Exemplaire sur chine

342. Lorentz. Fiasque, mêlé d'allégories. *Paris, Auguste,* 1840, in-8, demi-reliure basane, ébarbé.

343. Lorentz. Louis-Philippe, ex-roi des Marionnettes, nombr. illustrations. *Paris, chez les marchands de nou-veautés,* in-8, broché, couverture.

> Très rare sous ce titre.

344. MAGASIN DES ENFANTS. LE LIVRE DES PETITS ENFANTS, 90 vignettes par Gérard Séguin, Meissonier, Grandville. *Paris, Hetzel,* 1843, in-8 anglais, broché.

345. Magasin des enfants. AVENTURES DE TOM-POUCE, par Stahl, vign. de Bertall. *Paris, Hetzel,* 1844, in-8 anglais, relié avec couverture, n. rogné.

> Le plus rare de la collection.

346. Magasin des enfants. Trésor des Fèves et Fleur des Pois, par Ch. Nodier, vign. de T. Johannot. *Paris, Hetzel,* 1844, in-8 anglais, broché.

347. Magasin des enfants. La Bouillie de la comtesse Ber-the, par A. Dumas, vignettes de Bertall. *Paris, Hetzel,* 1845, in-8 anglais, broché.

348. Magasin des enfants. Histoire d'un Casse-Noisette, par A. Dumas, vign. de Bertall. *Paris, Hetzel,* 1845, 2 vol. in-8 anglais, brochés, avec couvertures.

349. Magasin des enfants. Le Prince Chènevis, par L. Goz-lan, vignettes de Bertall. *Paris, Hetzel,* 1846, in-8 anglais, broché.

350. Magasin des enfants. M. le Vent et Mme la Pluie, par P. de Musset, vignettes de Gérard Séguin. *Paris, Hetzel,* 1846, in-8 anglais, broché.

351. Magasin des enfants. La Mère Michel (Histoire de), par E. de la Bédollière, dessin de Lorentz. *Paris, Hetzel,* 1846, in-8 anglais, broché.

> Très rare.

352. Magasin des enfants. Le Prince Coqueluche, par Our-liac, vign. de Delmas. *Paris, Hetzel,* 1846, in-8 anglais, broché.

353. Magasin des enfants. Histoire de Gribouille, par George Sand, vignettes de Maurice Sand. *Paris, Blanchard,* 1851, in-8 anglais, broché.

> 1re édition, rare.

354. Magasin des enfants. Les Fées de la mer, par Alph. Karr, vign. de Lorentz. *Paris, Blanchard,* 1851, in-8 an-glais, broché.

> 1re édition, rare.

355. Magasin des enfants. Le Livre des jeunes filles, par Savigny, vignettes de E. Frère. *Paris, Havard, s. d.,* in-8 anglais, broché.

356. X. de Maistre. Œuvres, publiées par E. Réaume. *Paris, Lemerre,* 1876, pet. in-12, broché.

 Exemplaire sur chine, n° 10 sur 20 exemplaires, très rare.

357. X. DE MAISTRE. VOYAGE AUTOUR DE MA CHAMBRE, édit. avec miniatures. *Paris, Tardieu,* 1860, in-18, relié, mar. vert, filets croisés s. les plats, n. rog.

 Exemplaire sur chine, très rare, beau portrait de l'auteur, ajouté.

358. X. DE MAISTRE. Voyage autour de ma chambre, *Paris, Jouaust,* 1877, in-8, 6 eaux-fortes de Hédouin, broché.

 Exemplaire grand papier de Chine.

359. G. Mancel. La Vie à grandes guides, dessins de Hadol. *Paris, Librairie internationale,* 1869, in-12, broché.

 Exemplaire sur chine.

360. DE MANNE. La Troupe de Voltaire, 41 portraits grav. par Fr. Hillemacher, avec notices biographiques. *Lyon, Scheuring.* 1861, in-8, demi-mar. vert, n. rog.

 Exemplaire papier de Hollande.

361. MARGUERITE DE NAVARRE. L'Heptaméron. *Paris, Jouaust,* 1870, 8 fascicules, in-8, portrait et 8 eaux-fortes de Flameng, brochés.

 Exemplaire grand papier de Chine.

362. Marivaux. Théâtre, publié par G. d'Heylli. *Paris, Librairie centrale,* 1875, pet. in-12, en feuilles.

 Exemplaire sur chine.

363. CLÉMENT MAROT. Œuvres. *Lyon, Scheuring,* 1869, 2 vol. in-8, texte encadré, portrait, demi-rel. mar. rouge, n. rogné.

 Exemplaire sur chine, n° 5 sur 10 exemplaires.

364. Ménagerie royale, 25 caricat. sur les évènements de 1830. *A Bruxelles, chez Jobard, s. d.,* oblong, couvert.

365. Mendoza. Lazarille de Tormes, vignettes de Meissonier, plaquette, gr. in-8, publiée dans le Gil Blas, de Dubochet (1842), en feuilles.

 1er tirage.

366. Mendoza. Lazarille de Tormes, dessins d'H. Castelli. *Paris, Charlieu,* 1865, in-8, broché.

367. MÉRIMÉE. CHRONIQUE DU TEMPS DE CHARLES IX, eaux-fortes de E. Morin. *Paris, imprimé pour les amis des livres,* 1876, 2 vol. gr. in-8, brochés.

 Rare.

368. Mérimée. La Chambre bleue, nouvelle dédiée à Mme de la Rhune. *Bruxelles*, 1872, in-8, eaux-fortes au titre, relié sur brochure, demi-mar. bleu ciel.

> Un des 20 exemplaires sur Hollande.

369. Marius Michel. La Reliure française. *Paris, Morgand et Fatout*, 1880, in-4, nombr. fig. et 23 planches gravées, frontisp. d'Hédouin, broché.

370. Michelet. L'Oiseau, illustr. de Giacomelli. *Paris, Hachette*, 1867, gr. in-8, broché.

> Exemplaire sur papier teinté, texte à filets rouges.

371. Michelet. L'Insecte, illustr. de Giacomelli. *Paris, Hachette*, 1876, gr. in-8, broché.

> N° 20, sur 50 exemplaires *sur chine*.

372. LES MILLE ET UNE NUITS. *Paris, Bourdin*, 1840, 3 vol. in-4, illust. de nombr. vignettes, cartonnés, n. rognés.

> Exemplaire *grand papier de la* 1re *édition*, très rare.

373. MOLIÈRE. THÉATRE, vignettes de Hillemacher. *Lyon, Scheuring*, 1864-1870, 8 vol. in-8, brochés, encollés.

> L'un des deux seuls exemplaires qui aient été tirés sur chine : l'autre ayant été relié, celui-ci est *unique* en sa condition.
>
> Les eaux-fortes sont *avant les noms* des artistes.
>
> On a ajouté : la Cérémonie du malade imaginaire, Fréd. Hillemacher editionnavit et bonhommavit. *Lugduni, Perrin*, 1870, plaquette in-8, sur chine.
>
> Rapport sur la découverte d'un autographe de Molière. *Montpellier, Coulet*, plaquette in-8, sur chine, avec autographe fac-similé.

374. LA TROUPE DE MOLIÈRE, collection de portraits, avec détails biographiques, par F. Hillemacher. *Lyon, Scheuring*, 1869 (2e édition), in-8, avec 43 portraits gravés à l'eau-forte.

> L'un des 4 exemplaires, tirés en feuilles sur chine, de la seule édition qui en ait eu sur ce papier, la première n'ayant été tirée que sur hollande.

375. Molière. Œuvres, avec l'étude sur Molière, de J. Claretie. *Paris, Lemerre*, 9 vol. pet. in-12, brochés.

> Exemplaire sur chine. — Très rare.

376. Molière. Poésies diverses et Œuvres attribuées, publiées par P. Lacroix. *Paris, Lemerre*, 1869, pet. in-12, broché, encollé.

> Exemplaire sur chine, très rare.

377. H. Monnier. Scènes populaires, dessinées à la plume, ornées d'un portrait de M. Prudhomme et d'un fac-similé de sa signature. *Paris, Levavasseur, U. Canel, Dumont,*

1830-1835, 4 vol. in-8, vign. sur bois, 6 planches coloriées dans le 1er vol., cartonnés, n. rognés.
> Édition originale, très rare.

378. Monnier. Scènes populaires, collection de 6 vol. in-32
publiés par M. Lévy, en 1857-1858 : Scènes parisiennes,
les Petites Gens, Comédies bourgeoises, Galeries d'originaux, Croquis à la plume, les Bourgeois aux champs,
Biographie, par E. de Mirecourt.
> 7 volumes brochés.

379. Monselet. Les Tréteaux, frontisp. de Bracquemont.
Paris, Poulet-Malassis, 1859, in-12, demi-mar. bleu ciel,
n. rogné.
> Exemplaire grand papier.

380. Monselet. Gastronomie, récits de table. *Paris, Charpentier*, 1874, in-18, broché.
> Papier de Hollande, tiré à 50 exemplaires.

381. H. Murger. Scènes de la Bohême. *Paris, imprimé
pour les amis des livres*, 1879, in-8, frontisp. et 12 eaux-
fortes de Bichard, relié mar. fauve jans. n. rog. (*Rapar-
lier.*)
> N° 26 sur 118 exemplaires.

382. Musæus. Contes populaires. 300 vignettes. *Paris,
Havard*, 1846, 2 vol. in-8 anglais, brochés.

383. Musée pour rire. 150 lithogr. par tous les caricatu-
ristes de Paris. *Paris, Aubert*, 1839, 3 parties en 1 vol.
in-4, demi-mar. rouge, n. rogné.
> Très rare, complet, et en pareille condition.

384. Alfred de Musset. Œuvres, avec la Biographie, par
Paul de Musset. *Paris, Lemerre*, 11 vol. pet. in-12, brochés.
> Exemplaires sur chine.

385. Gustave Nadaud. Chansons. 12 eaux-fortes d'Ed. Morin. *Paris, Jouaust*, 1879, 3 vol. in-16, brochés.
> Papier de Chine.

386. Ch. Nodier. Histoire du roi de Bohême et de ses sept
châteaux. *Paris, Delangle*, 1830, in-8, relié sur brochure
demi-mar. rouge, dos orné (*Reymann.*)
> Bel exemplaire de toute fraîcheur, encollé seulement.

387. Ch. Nodier. La Seine et ses bords, 54 grav. sur bois et
4 cartes. *Paris, au Bureau*, 1836, in-8, broché.

388. E. Noel. Rabelais et son œuvre, étude historique et
littéraire avec portrait à l'eau-forte. *Paris, Académie des
Bibliophiles*, 1870, in-8, broché.
> Exemplaire sur chine, n° 1 sur 15.

389. E. Nus et Ant. Méray. Les Nouveaux Jeux floraux,
principes d'analogie des fleurs, avec 8 eaux-fortes de
Geoffroy. *Paris, G. de Gonet, s. d.*, in-8, broché.

> Très rare.

390. J. Noriac. Le 101ᵉ Régiment. *Paris, Librairie nouvelle*,
1860, in-8, demi-rel. mar. bleu foncé, dos orné, n. rogné.
(*Reymann.*)

> Exemplaire en grand papier (nᵒ 11 sur 45 exemplaires).

391. Old Nick. La Chine ouverte, illustr. de Borget. *Paris*,
Fournier, 1845, in-8, broché, couv. bleu et or.

> Bien complet.

392. Omnibus, Physiologie de tout le monde, *Paris, Gen-*
nequin, 1844, in-8, nombr. illustr. de Bertall, relié sur
broch. demi-mar. vert, dos orné. (*Reymann.*)

> Comprenant *Lucrèce et Judith* et les *Buses graves*, très complet.

393. Pacini. La Marine, illustr. de Morel-Fatio. *Paris*,
Curmer, 1844, gr. in-8, gravures sur acier et costumes
coloriés, nombr. vignettes sur bois, broché.

394. De Pelanne. La Saône et ses bords, 22 bois gravés par
Porret. *Paris, chez l'éditeur*, in-8, cartonné, n. rogné.

395. S. Pellico. Mes Prisons. *Paris, Delloye*, 1844, nombr.
vign. sur acier dans le texte, gr. in-8, demi-mar. noir,
n. rogné.

> Superbe exemplaire.

396. Olivier de Penhoët. Polichinelle, drame en 3 actes, illustr. de Cruïkskank. *Paris, 1837, au Bureau, rue Jacob.*
In-12 (relié sur brochure), demi-rel. maroq. mi-parti
rouge et jaune, dos mosaïque. (*Reymann.*)

> Très rare.

397. PERRAULT. CONTES DES FÉES, éd. Ch. Giraud. *Paris,*
Imprimerie impériale, 1864, in-8, cartonné.

> L'un des 25 exemplaires sur chine. Très rare.

398. PERRAULT. CONTES DU TEMPS PASSÉ. *Paris, Curmer*, 1843,
gr. in-8, texte et illustrations gravés sur acier, relié sur
brochure dans une magnifique reliure, demi-mar. citron,
dos orné. (*Cuzin.*)

> Splendide exemplaire, de toute rareté.

399. Philipon et L. Huart. Parodie du Juif errant, 300 vignettes par Cham. *Bruxelles*, 1845, in-8, broché.

400. A. Pictet. Une Course à Chamounix, conte fantastique.
Paris, Benj. Duprat, 1838, in-8, portr. de George Sand
au titre, broché.

> 3 vignettes sur chine.

401. Pirouette. Le Livre des convalescents, dessins de Pille. Première édit. *Paris, Tresse,* 1880, in-12, broché.

 Exemplaire sur chine.

402. La Pléiade. Contes, fabliaux, nouvelles et légendes. *Paris, Curmer,* 1842, pet. in-8, demi-rel. mar. citron, dos mosaïque, n. rogné.

 Très rare exemplaire sur *papier de Chine,* sauf une feuille de Mᵐᵉ Acker, qui est en papier ordinaire ; les frontispices à l'eau-forte sont magnifiques d'épreuves, plusieurs en épreuve de graveur avec la lettre tracée au crayon et à l'encre rouge, la plupart sur chine.

403. Portraits des Français célèbres (1ᵦᵉ série, littérateurs), 47 portraits avec notices biographiques. *Paris, Lami-Denozan,* 1828, in-8, cartonné, n. rogné.

 Seule série parue, complète.

404. Prévost. Manon Lescaut, illustr. de Johannot. *Paris, Bourdin, s. d.,* gr. in-8, broché.

 Exemplaire de 1ᵤᵇ tirage, imprimé sur chine d'un seul côté.

405. Prévost. Manon Lescaut. *Paris, Lemerre,* 1870, pet. in-12, relié mar. jaune citron, dos mos., filets sur les plats, n. rogné. (*Cuzin.*)

 Exemplaire sur chine, auquel on a joint :
 1º La suite de Gravelot et Pasquier pour l'édition de 1753, remargée, 8 pièces ;
 2º La suite de Lefèvre avant et avec la lettre, remargée (manque 1 pièce avant la lettre), 15 pièces ;
 3º Les 3 gravures de Desenne pour l'édition Werdet ;
 4º La suite de Desenne pour l'édition Werdet et Lequien (avant la lettre et eaux-fortes), 8 pièces ;
 5º La suite de Desenne (Bibliothèque française), avant la lettre et *eaux-fortes* (*très rares*), 16 pièces ;
 6º 6 portraits, *dessins en couleur ;*
 7º 1 portrait de l'abbé Prévost, de Schmidt, gravé par Ficquet et 2 autres ; — en tout, 59 pièces. — On a ajouté également le titre de l'édition de 1733, très bien exécuté à la main.

406. Prévost. Manon Lescaut, préface d'A. Dumas. *Paris, Glady,* 1875, in-8, portrait et eaux-fortes de L. Flameng, cartonné.

 Exemplaire sur Chine, auquel on a joint les *eaux-fortes d'Hédouin* en épreuves d'artiste.

407. Quatrelles. A Coups de fusil, 32 dessins originaux de A. de Neuville. *Paris, Charpentier,* 1877, in-4, broché.

408. Rabelais. Œuvres complètes, illustr. de G. Doré. *Paris, Bry,* 1854, gr. in-8, broché.

 Très bel exemplaire, couverture or et couleur.

409. Rabelais. Œuvres, édition P. Chéron. *Paris, Jouaust,* 1877, 5 vol. in-8, 11 eaux-fortes de Boilvin, brochés.

 Exemplaire grand papier de Chine.

410. Racine. Théâtre, notice de A. France. *Paris, Lemerre,* 5 vol. pet. in-12, brochés.

Exemplaire sur chine, n⁰ 3 sur 35 exemplaires.

411. La Rapinéide, poème burlesco-comico-tragique. *Paris, Barrault,* 1870, plaquette in-8 avec 14 eaux-fortes des bois de H. Somm, brochée.

Exemplaire sur chine.

412. Regnier. Œuvres complètes, édit. Louis Lacour. *Paris, Académie des Bibliophiles,* 1867, in-8, relié mar. rouge, filets et milieux sur les plats. (*Cuzin.*)

L'un des 15 exemplaires sur Whatman. — Portrait de Régnier gravé par Saint-Aubin avant la lettre, ajouté.

413. Regnier. Œuvres. *Paris, Lemerre,* 1869, pet. in-12, relié mar. la Vallière jansén. tr. dorées, n. rogné.

Exemplaire sur chine. Très rare.

414. Revue comique à l'usage des gens sérieux, Nov. 1848 à Déc. 1849. *Paris, Dumineray,* 2 vol. gr. in-8, nombr. illustrations, brochés avec couvertures.

Exemplaire bien complet.

415. L. Reybaud. Jérôme Paturot à la recherche d'une position sociale, édition illustrée par Grandville. *Paris, Dubochet et Lechevallier,* 1846, gr. in-8, nombr. bois dans le texte et 32 hors texte.

Exemplaire bien complet et non rogné avec les couvertures des publications en volumes et en livraisons, dans une belle reliure en demi-maroquin vert clair, dos orné. (*Cuzin.*)
Curieuse lithographie ajoutée se rapportant à l'illustration. Très rare.

416. L. Reybaud. Jérôme Paturot à la recherche de la meilleure des Républiques, édition illustrée par T. Johannot. *Paris, M. Lévy,* 1849, gr. in-8, nombreux bois dans le texte et 30 hors texte, relié sur brochure en demi-mar. vert clair, dos orné. (*Cuzin.*)

Très rare.

417. Rousseau. Confessions, préface de Marc Monnier. *Paris, Jouaust,* 1881, 4 vol. in-8, 13 eaux-fortes d'Hédouin, brochés.

Exemplaire grand papier de Chine.

418. Sainte-Beuve. Tableau de la poésie française au XVIᵉ siècle, avec notice de J. Troubat. *Paris, Lemerre,* 1876, 2 vol. pet. in-16, brochés.

Exemplaire sur chine.

419. Saintine. Picciola, 125 grav. sur bois de Porret. *Paris,*

Marchant, 1843, gr. in-8, demi-rel. mar. rouge, lavé et encollé, non rogné.

Exemplaire de 1re édition, très rare. On a ajouté 2 gravures sur acier d'après J. David par Lafon.

420. Saintine. Picciola, eaux-fortes de Flameng, 37° édition. *Paris, Jung Treuttel, s. d.,* in-8, cart. percaline dorée, tr. dorées.

1er tirage des gravures, rare.

421. Sévigné (Mme de). Lettres choisies, notice par Poujoulat, portrait et eaux-fortes de Foulquier. *Tours, Mame,* 1872, gr. in-8, broché.

Exemplaire sur Hollande.

422. Sévigné (Mme de). Album des Lettres, comprenant 1 pl. d'armoiries, 4 portraits gravés sur acier, 9 vues et de nombreux fac-similés. *Paris, Hachette,* 1868, gr. in-8, en feuilles.

423. Shakespeare. OEuvres, trad. Fr.-Victor Hugo. *Paris, Lemerre,* 1875-1880, 16 vol. pet. in-12, br.

Exemplaire sur chine.

424. Em. Souvestre. Le Foyer breton. *Paris, Coquebert, s. d.,* nombr. illustrations in-8, relié sur brochure en dem.-mar. vert olive, dos orné. (*Reymann.*)

425. Sterne. Voyage sentimental. *Dijon, Frantin,* 1797, 2 parties en 1 vol. pet. in-8, 6 gravures de Monsiau, gr. par Levilain, *avant la lettre.* (*Reliure ancienne.*)

Exemplaire grand de marges.

426. Sterne. Voyage sentimental. *Paris, Jouaust,* 1875, in-8, 6 eaux-fortes de Hédouin, br.

427. Swift. Voyages de Gulliver, illustrations de Grandville. *Paris, Furne et Fournier,* 1838, 2 vol. in-8 dem.-mar. orange, dos mos. n. rogn. (*Cuzin.*)

Très bel exemplaire, auquel on a ajouté les 2 fig. de Marillier des *Voyages extraordinaires,* la suite complète des fig. de Lefèvre avant la lettre 10 p. remarg., celle de Gavarni sur chine volant (16 p.) et un beau portrait de Swift gr. par Jenkins d'après Vertue, en tout 19 pièces.

428. Swift. Voyages de Gulliver. *Paris, Jouaust,* 4 fascicules in-8. 9 eaux-fortes de Lalauze, br.

Exemplaire grand papier de Chine.

429. Petit Tableau de Paris. Paris dans l'eau, par Briffaut, 120 vign. de Bertall. *Paris, Hetzel,* 1844, in-8 anglais, br. couv.

430. Petit Tableau de Paris. Paris marié, par Balzac, vign.

de Gavarni. *Paris, Hetzel,* 1846, in-8 anglais, 20 gr. bois hors texte, br. avec couv.

Très rare, complet.

431. Petit Tableau de Paris. Paris à table, par Briffaut. *Paris, Hetzel,* 1846, in-8 anglais, br.

432. Petit Tableau de Paris. Paris au bal, par L. Huart, vign. de Cham. *Paris, Aubert, s. d.* in-8 anglais, br. avec couv.

433. Taine. Voyage aux Eaux des Pyrénées. 65 vignettes de G. Doré. *Paris, Hachette,* 1855, in-12, br.

1ro édition. Rare.

434. Taine. Voyage aux Pyrénées, 3me édit. ill. de G. Doré. *Paris, Hachette,* 1860 in 8, dem.-mar. orange n. rog.

435. Timon. Livre des Orateurs, 14e édit. *Paris, Pagnerre,* 1844, gr. in-8 relié en dem.-mar. bleu, dos orné n. rog. (*Reymann.*)

Exemplaire avec les 27 portraits sur chine, avant la lettre.

436. Töpffer. Le Docteur Festus. *Genève, Ledouble,* 1840, in-8, avec 20 croquis de l'auteur (l'éd. n'en comporte que 6) et 1 carte du théâtre des évènements, relié sur brochure (couv. illustrée), dem.-mar. rouge. (*Cuzin.*)

Édition originale et unique d'un livre dont l'auteur a extrait plus tard un de ses meilleurs albums. (*Très rare.*)

437. Töpffer. Voyages en zigzag, illustrés d'après les dessins de l'auteur. *Paris, Dubochet,* 1844, in-8, demi-rel. mar. vert, n. rogné. Portrait de l'auteur ajouté.

Très rare.

438. Töpffer. Nouveaux Voyages en zigzag, illustrés d'après les dessins de l'auteur. *Paris, V. Lecou,* 1854, gr. in-8, demi-rel. mar. vert, n. rogné.

Très rare.

439. Töpffer. NOUVELLES GENEVOISES, illustrées d'après les dessins de l'auteur. *Paris, Dubochet,* 1845, in-8, relié sur brochure, demi-mar. bleu clair, dos orné, non rogné.

Très rare.

440. Traviès. Le Célèbre Mayeux. *S. l. n. d.,* collection complète de 48 sujets gravés, couverture, cartonné, non rogné.

Très rare.

441. H. VERNET ET E. LAMI. Collection des uniformes des armées françaises de 1789 à 1814. *Paris, Gide,* 1822, in-4 comprenant 100 pl. coloriées avec texte, demi-rel. mar. bleu foncé, n. rogné.

Extrêmement rare, complet et en parfait état de conservation. — On n'a pas conservé l'ordre de la publication, on a adopté celui plus logique des armes et des époques.

442. **E. Lami et H. Vernet.** Collection des uniformes français de 1814 à 1824. *Paris, Anselin*, 1825, in-4 comprenant 50 planches coloriées avec texte, cartonné, ébarbé.

> Très rare, complet.

443. **Voltaire.** La Pucelle, fig. de Duplessis-Bertaux. *Paris, Leclère*, 1865, 2 vol. in-8, broché.

> L'un des 15 exemplaires sur chine.

444. **Voltaire.** Romans, préface d'Arsène Houssaye. *Paris, Jouaust*, 1878, 5 fascic. in-8, 12 eaux-fortes de Laguillermie, brochés.

> Exemplaires grand papier de Chine.

445. Voyage où il vous plaira, par T. Johannot, A. de Musset et Stahl. *Paris, Hetzel*, 1843, in-4, relié sur brochure, demi-mar. rouge.

> On a ajouté 2 très rares eaux-fortes romantiques de T. Johannot, pages 78 et 93, reproduites dans l'illustration du livre.

446. **Voyage dans un Grenier**, bouquins, faïences, autographes et bibelots, par Charles C***, avec eaux-fortes et chromotypies. *Paris, D. Morgand et Ch. Fatout*, 1 vol. pet. in-fol. broché.

> Exemplaire sur japon avec 3 états des eaux-fortes.

447. **Wordworth.** La Grèce pittoresque, trad. E. Regnault. *Paris, Curmer*, 1841, très gr. in-8, nombr. illustrations sur acier et sur bois, demi-rel. mar. rouge antique, n. rogné.

> Très rare exemplaire *sur papier de Chine*.

448. **E. Zola.** L'Assommoir. *Paris, Charpentier*, 1877, in-18, broché.

> 1re édition, sur papier de Hollande.

---

449. Le Livre, revue de bibliographie mensuelle, publiée sous la direction de O. Uzanne. *Paris, Quantin*, 1880-1881, 24 fascicules gr. in-8, avec nombr. planches hors texte, formant 2 années complètes.

450. Catalogue de la librairie Fontaine, 1877-78, 2 vol. in-8, broché.

451. Bulletin mensuel de la librairie Morgand et Fatout, 1876-1881, 12 fascic. in-8, formant 2 vol.

SUPPLÉMENT

---

451. *bis*. Brantôme. Les Vies des Dames galantes. Notice et notes de F. Vignon; portraits et eaux-fortes de Champollion, d'après H. Pille. *Paris, Arnaud et Labat, 1879.* 3 vol. in-8.

> Exemplaire en grand papier de Chine.

Paris.   Typ. G. Chamerot, 19, rue des Saints-Pères.   12077.